Amigos para sempre

Amigos para sempre

Seleção
TÔNIA CARRERO

Organização e introdução
LUÍS ARTUR NUNES

Prefácio
CARLOS THIRÉ

Apresentação
DEOLINDA VILHENA
LEONARDO THIERRY

Ibis Libris
Rio de Janeiro
2019

Editora: *Thereza Christina Rocque da Motta*
Design de capa e Projeto gráfico: *Romildo Gomes* – romildo@romadesign.com.br
Digitação: *Leila Silva de Oliveira*
Créditos das fotos: *Foi feito o levantamento do crédito das fotos de acordo com as fontes disponíveis, porém nem todas puderam ser identificadas. Se houver falta ou falha de informação sobre as fotos deste livro, poderão entrar em contato com a editora.*

1ª edição em dezzembro de 2019.

Dados Internacionais de Catalogação na Publicação (CIP)
TuxpedBiblio (São Paulo – SP)
Tuxped Serviços Bibliográficos tuxpedbiblio@gmail.com

N972a Nunes, Luís Artur (Org.)

Amigos para sempre / Luís Artur Nunes (Org.), Tônia Carrero. – 1. ed. – Rio de Janeiro : Ibis Libris Editora. Brasil, 2019.
232 p.; il.

Inclui bibliografia
ISBN 978-85-7823-152-1

1. Biografias 2. Dramaturgia 3. Teatro 4. Tônia Carrero I. Título II. Organizador

CDD 929.792
CDU 929:792

Índice para Catálogo Sistemático

1. Biografias: teatro.
2. Biografias - Teatro.

Ficha catalográfica elaborada pelo bibliotecário Pedro Anízio Gomes CRB-8 8846

Referência Bibliográfica

NUNES, Luís Artur (Org.); CARRERO, Tônia. Amigos para sempre. 1. ed. Rio de Janeiro: Ibis Libris Editora, 2019.

Índices para catálogo sistemático:
1. Teatro brasileiro.
2. Atores brasileiros: Biografia e Obra 791.092

Feito Depósito Legal na Biblioteca Nacional (Lei nº 10.994, de 14/12/2004).

Impresso no Brasil
2019

Ibis Libris

Ibis Libris Editora Ltda. – ME
CNPJ 09.238.097/0001-40
Rua Pereira Nunes, 395 / 1.701
Vila Isabel – Rio de Janeiro – RJ
CEP 20.541-022
Tel.: 21-3546-1007

ibislibris.loja2.com.br
ibislibris@gmail.com

Sumário

Venus Studi.

Agradecimentos a
Antônio Gilberto
Carlos Thiré
Cecil Thiré
Celina Portocarrero
Deolinda Vilhena
Leila Oli (in memoriam)
Leonardo Thierry (Kiko)
Ruy Castro
Silvio Pozatto e
Tania Carvalho

Tônia Carrero e o neto Carlos Thiré

PREFÁCIO

Carlos Thiré

"*As coisas mais gostosas da vida são as mais simples: arroz com feijão, café com leite e pão com manteiga*". Esta era uma das frases que eu mais escutava de minha avó durante os dois anos em que morei em sua casa e dividíamos a mesa. Talvez seja uma surpresa, para alguns, saber que, por trás da grande dama do teatro brasileiro, sempre existiu uma mulher de extrema simplicidade.

Por outro lado, guiou a vida inteira, sem nunca ter tirado carteira de motorista: "*Eu dava um autógrafo e logo me deixavam ir embora*", contava como se fosse a coisa mais natural do mundo. Verdade é que nunca ninguém a definiu melhor do que ela mesma, ao intitular sua autobiografia de *O Monstro de Olhos Azuis* (L&PM, 1986).

Em 2007, fui convidado para dirigi-la na peça *Um barco para o sonho*, ao lado de Mauro Mendonça. Que grande oportunidade a vida estava me dando, de dirigir, ao mesmo tempo, Tônia Carrero e minha própria avó.

Trabalhamos na sala de ensaios de sua antiga casa no Jardim Botânico, onde eram ensaiadas todas as peças da minha família. Envolvidos pela mesma paixão, brigamos, concordamos e nos amamos muito no processo daquele que viria a ser seu último espetáculo. De repente, no meio de nossa temporada, o abalo da notícia da morte de Paulo Autran, o maior companheiro de sua vida teatral, foi como um verdadeiro terremoto, rendendo-lhe uma labirintite de fundo emocional.

Depois da sessão daquela noite, enquanto íamos do teatro direto para o hospital, no táxi, minha avó me revelou: "*Hoje eu não sabia se iria conseguir chegar ao final do espetáculo. Pela primeira vez na vida, tive medo do público...*" Mas a história da peça se passava em uma casa de repouso e, uma semana depois, ensaiamos um contrarregra para entrar em cena de mãos dadas com ela como enfermeiro de sua personagem – agora também com labirintite – e Tônia já estava de volta ao palco.

Há ainda outra frase que herdei de você, minha avó, e que trouxe conscientemente para minha vida: a de que você é "*até uma atriz talentosa, mas nasceu mesmo foi com a vocação para ser feliz*".

Muito obrigado, Mariínha, minha avó, Tônia Carrero.

AMIGOS PARA SEMPRE

Luís Artur Nunes

Em 1991, recém-chegado ao Rio de Janeiro e fazendo a passagem do teatro gaúcho, onde me formei, para os palcos cariocas, encenei *A fera na selva*, uma teatralização da novela de Henry James, produzida e interpretada por Eliane Giardini e Paulo Betti. Eu já tinha dirigido algumas peças no Rio antes. Uma delas, *A maldição do Vale Negro*, que escrevi em parceria com Caio Fernando Abreu, chamou muita atenção e recebeu vários prêmios. Mas, até então, eu ainda era o diretor do Sul, o convidado de fora, que vinha, realizava a montagem e voltava para Porto Alegre. *A fera na selva* foi meu primeiro trabalho como *emigré*, que me conquistou, por assim dizer, o direito de cidadania. Alcançou um sucesso, sobretudo de prestígio junto à crítica e ao meio cultural.

A classe teatral se encantou com o espetáculo. Após as apresentações, eu era cumprimentado efusivamente por profissionais, cujo trabalho eu conhecia e admirava, mas com quem eu nunca tivera contato pessoal. Não é novidade o fato de que, por mais que tenhamos realizado em teatro em centros menores, como Porto Alegre (quando me instalei no Rio, já tinha mais de 20 anos de carreira), permanecemos como ilustres desconhecidos perante o resto do país. Somente a chancela do "eixo Rio-São Paulo" nos concede um reconhecimento nacional.

Nesse processo excitante de me ver reconhecido por meus colegas de renome, o momento mais emblemático foi quando recebi o elogio caloroso de Tônia Carrero no camarim do Teatro Cândido Mendes. Suas palavras iniciais foram, mais ou menos: "Eu sou Tônia Carrero e quero cumprimentar você por seu belíssimo trabalho". Como se necessitasse de apresentações! Tônia era uma das grandes divas do teatro brasileiro. Eu havia assistido a muitos de seus memoráveis trabalhos, entre eles aquele que certamente me causara o maior impacto: *Navalha na carne*, de Plínio Marcos. Quando me extasiei diante de sua Norma Sueli, eu ainda era estudante de arte dramática, apaixonado pelo ofício que elegera. Nas férias, costumava ir ao Rio e a São Paulo bater o ponto nos teatros e não perdia os espetáculos que viajavam a Porto Alegre, que naquela época eram bem mais numerosos do que hoje. Certamente, sempre valorizei também a produção local, da geração que me antecedeu e dos meus contemporâneos. Durante mais de duas décadas fui um profissional atuante no teatro gaúcho, orgulhoso da arte que produzíamos em nossos palcos com menos recursos, menos bilheteria, mas sem nada ficar a dever em qualidade.

Porém, esta segurança quanto à competência profissional, esta autoestima trazida pela maturidade (afinal, já era quarentão quando me instalei no Rio), vinha acompanhada de uma incômoda sensação de invisibilidade por ter feito carreira na "província". Não à toa, aliás, meu grupo de teatro chamava-se "Grupo de Teatro Província". O nome era uma forma de assumir, com uma mescla de orgulho e ironia, nossa condição periférica. Atrair o olhar dos grandes nomes do teatro nacional, entre eles, o de sua suma sacerdotisa, Tônia Carrero, provocava uma sensação inebriante. Por que negar? Meus êxitos de Porto Alegre aqui não valiam nada, não existiam. Fazer sucesso no Rio me deixou deslumbrado como um *rookie* de vinte anos, totalmente *starstruck*. E a *star* máxima, que me atingiu em cheio, foi Tônia.

Não tardou muito para me convidar para dirigir um espetáculo que ela pretendia produzir e protagonizar. Tratava-se de *As Atrizes*, uma peça deliciosa de Juca de Oliveira, em que duas atrizes, uma madura e outra mais jovem, disputam a fama e o coração do diretor da companhia. Um olhar agudo, cheio de humor e ternura sobre o mundo dos bastidores teatrais. A atriz madura seria Tônia. Tratava-se, então, de encontrar a mais jovem e o ator principal, que deveriam também ser figuras conhecidas.

Tônia e eu passamos a conviver, a sair juntos, a nos reunir em sua casa, na época, uma mansão nos altos do Jardim Botânico, com jardim e piscina, decorada com antiguidades, objetos de arte e paredes repletas de quadros, a maioria de retratos da atriz famosa e belíssima mulher, assinados por grandes artistas brasileiros, seus amigos. Ela havia instalado nesse casarão um amplo espaço para ensaios, com espelho e barra e um grande guarda-roupas, onde conservava os incontáveis figurinos e adereços que acumulara por toda uma vida dedicada ao teatro. "Que privilégio poder ensaiar na própria casa e em condições ideais!", pensei.

A acolhida afetuosa de Tônia, o brilho de sua inteligência, seu senso de humor, o inesgotável repertório de histórias de suas vivências no mais alto olimpo cultural do país, tudo isso me fascinava e me seduzia. Íamos frequentemente ao teatro. Lembro perfeitamente de uma ida ao João Caetano para assistir a um show de Bibi Ferreira. Então, já corria a notícia da próxima realização teatral de Tônia Carrero. No coquetel depois do espetáculo, circulava um famoso galã maduro de teatro e televisão, que estava sendo sondado para compor nosso elenco. Bibi vira-se para ele e o intima: "Vá fazer a peça da Tônia!". E eu era o diretor da "peça da Tônia"!

Acompanhá-la para cá e para lá, comparecendo às estreias e eventos culturais, sempre confortavelmente transportados em seu automóvel com chofer, despertou o comentário gozador de uma colega: "Cuidado para não virar frasqueira da Tônia!" Tarde demais: eu já era irremediavelmente "frasqueira da Tônia" e estava adorando!

Dava-me perfeitamente conta do componente de deslumbramento nisso tudo. Eu era o artista provinciano, que, de repente, se vê frequentando os ambientes da elite artística e cultural, convivendo com celebridades do teatro, do cinema e da televisão. Hoje penso que, se tivesse chegado a essa situação mais jovem e inexperiente, certamente teria sido tolhido pela timidez. Mas a autoconfiança conquistada nos muitos anos em que me exercitei no *métier* e a sólida bagagem intelectual adquirida na trajetória acadêmica que sempre desenvolvi paralelamente ao ofício de homem de teatro, me deixavam confortável, descontada a excitação, para fruir do convívio e interagir sem travas.

Hoje, passados quase trinta anos, tempo em que me firmei como encenador no cenário nacional, trabalhando com personalidades representativas do nosso teatro, não experimento mais essa sensação. Sinto-me no meu elemento, à vontade entre colegas, entre meus pares. Mas, naquele longínquo 1991, guiado pela mão de Tônia Carrero, vivia uma viagem de descoberta e maravilhamento.

Todavia, nem tudo se desdobrava tranquilamente na produção de *As Atrizes*. Houve a dificuldade de encontrar um nome importante para interpretar a jovem rival da personagem de Tônia. Lá pelas tantas, me peguei recebendo o telefonema de uma famosa estrela de televisão que fora convidada para o papel. Tentava me sondar quanto ao peso que teria sua participação em relação à de Tônia Carrero. O que a preocupava não era propriamente a relevância da personagem na peça. Como o próprio título antecipava, as duas figuras femininas se equivaliam. Seu problema era o destaque que teria seu nome na promoção do espetáculo. Enfaticamente, ela me repetia que de forma alguma aceitaria ser o "segundo nome" – servir de "escada", como se diz em gíria teatral – para Tônia Carrero. Tônia havia algum tempo já não era chamada para fazer novelas. E, na balança da estrela global, sua visibilidade na telinha deveria suplantar o rico histórico teatral da veterana...

Experimentei, assim, um dos aspectos desagradáveis do meio artístico: o estrelismo, as vaidades. O telefonema me deixou em estado de choque. Nas reuniões na casa de Tônia, os ânimos se exasperavam com a dificuldade de fechar elenco. Ela também não aceitava alguém que lhe ameaçasse a primazia. Exigência legítima: afinal, era a produtora e a estrela do espetáculo. Ao me defrontar com essas tensões, fui invadido por uma fragilidade emocional. Aquilo se tornou insuportável. Calei-me, paralisado. Só bem mais tarde, e após muitos anos no divã do psicanalista, aprendi a lidar com essas dificuldades, não direi com indiferença e sem incômodo, mas pelo menos com fortaleza suficiente para contorná-las e não permitir que sabotem minha capacidade de trabalho.

A vida é feita de reviravoltas. Naquele exato momento, abriu-se para mim um outro ca-

minho. O Centro Cultural Banco do Brasil anunciou a seleção para sua próxima temporada teatral a encenação de uma coletânea de contos de *A vida como ela é...*, de Nelson Rodrigues, sob minha direção. Era um projeto apresentado pelo grupo que surgira a partir da bem-sucedida *A maldição do Vale Negro*. Batizado de Núcleo Carioca de Teatro, era um coletivo de profissionais competentes e experientes, mas sem nenhum nome estelar, o que me oferecia um ambiente mais protegido e livre de ansiedades. Era a desculpa que eu precisava para não dirigir *As Atrizes*. A separação se deu sem maiores ressentimentos. Afinal, eu tinha um compromisso fechado com equipe, patrocinador e data de estreia, enquanto que a peça de Juca de Oliveira continuava indefinida e sem prazo. Bibi Ferreira assumiu a direção e o espetáculo estreou dali a vários meses, em 1991.

Por sua vez, *A vida como ela é...* alcançou imensa repercussão, conquistou prêmios, apresentou-se em vários teatros do Rio de Janeiro e em turnê nacional por mais de dois anos. O êxito do meu primeiro Nelson Rodrigues foi um poderoso impulso para minha carreira de encenador. Afinal, pressionado por uma combinação de vulnerabilidade psicológica com a conjugação fortuita de boas oportunidades (Nelson, CCBB, um grupo coeso e funcional), eu dera uma tacada certa, criando um espetáculo que surpreendeu pela originalidade e fez história.

Mas, sob toda essa felicidade, restava um travo amargo: a frustração de não ter trabalhado com Tônia Carrero. Esse sonho só viria a se concretizar anos depois em *Amigos para sempre*.

* * *

Não sei exatamente o que levou Tônia Carrero, passados quatro anos daquela primeira tentativa, a me fazer um segundo convite para dirigi-la. Nunca lhe perguntei. Nossos contatos nesse intervalo de tempo tinham sido esporádicos. Em retrospecto, me ocorre que Tônia acompanhava meu trabalho, via-me ativo, assinando vários espetáculos que me firmavam como diretor. Porém, suspeito que aquilo que mais a estimulou foi a constatação de que eu me destacava também como encenador de textos não dramatúrgicos, transportando obras literárias para o palco. Além de *A fera na selva*, de Henry James, e das mirabolantes histórias de Nelson Rodrigues, eu havia adaptado também *Cândido, ou O Otimismo*, de Voltaire, e contos de Machado de Assis, Orígenes Lessa, João do Rio, Ignácio de Loyola Brandão e Rubem Fonseca, reunidos em um espetáculo intitulado *Tragédias cariocas para rir*.

Sempre enxerguei ricas possibilidades no diálogo entre a ficção literária e o teatro.

O amor pela literatura me fizera cursar Letras paralelamente à arte dramática. Descobrir a teatralidade latente não apenas nas tramas, personagens e diálogos, mas inclusive – e principalmente – no discurso narrativo, na voz do autor contando sua fábula, era um desafio que me seduzia, e que terminou se impondo como umas das vertentes principais da minha pesquisa cênica. Certamente, foi esta percepção que levou Tônia a me chamar para dirigi-la no espetáculo que pretendia montar, reunindo contos, crônicas e poemas de grandes escritores brasileiros, seus contemporâneos, e todos, seus amigos pessoais: Vinicius de Moraes, Rubem Braga, Carlos Drummond de Andrade e Clarice Lispector, para citar alguns. Havia duas únicas exceções neste repertório de autores modernos: excertos de *Otelo* e *Macbeth*, peças em que ela havia atuado no passado com Paulo Autran e a "Canção do exílio", de Gonçalves Dias.

Senti-me confortável com esta proposta. Não só a ficção literária, mas a lírica também fazia parte das minhas paixões, e também nela eu discernia um imenso potencial de teatralidade. Não tive, portanto, receio de enfrentar os belos versos que Tônia queria dizer no palco. Além disso, nunca é demais repetir que as rígidas fronteiras que separam os gêneros literários há muito se desfizeram na literatura moderna. A crônica brasileira é, em sua essência, um gênero híbrido, em que convivem, em pé de igualdade, a construção ficcional e a vibração lírica. E Tônia deu à crônica um lugar privilegiado em *Amigos para sempre.*

Assim, pois, retomamos o contato e a convivência como se houvéssemos sido interrompidos na véspera. Novamente, eu era acolhido no casarão da Rua Visconde de Itaúna, com a hospitalidade e o charme incomparáveis de Tônia Carrero. De hábito, o ensaio era precedido por um bate-papo ameno na sala de estar ou à beira da piscina. Tônia era uma pessoa culta, lida, viajada, e encontrava em mim um interlocutor à altura. Mas o que mais me fascinava era ouvi-la contar as histórias de sua trajetória artística e de sua convivência com as personalidades mais ilustres da cultura brasileira. Nossos *tête-à-tête* eram tão prazerosos que frequentemente se estendiam para além de um tempo razoável, atrasando nossa ida para a sala de ensaios. Meu habitual senso de disciplina, frequentemente contaminado por laivos de compulsividade virginiana, no entanto, não sofria muito com isso. Percebi que, ao ter acesso aos tesouros da memória de Tônia, estava colhendo material para o espetáculo. O ritual se repetia após o ensaio, quando retornávamos à sala de estar, onde eu ainda era paparicado com chás, drinques e, vez por outra, um jantarzinho.

Com efeito, a proposta dramatúrgica não era somente encenar uma colagem de textos. De saída e naturalmente impôs-se a ideia de costurá-los com pequenos depoimentos sobre as interações da atriz com seus amigos escritores: comentários, reflexões, "causos", anedotas etc. As páginas literárias seriam as cenas da peça. As falas na primeira pessoa, sempre leves e saborosas, serviriam como transições e muitas vezes como alívio cômico, pois Tônia as impregnava de humor e discreta malícia.

Como se daria, porém, a formatação dos depoimentos? Tônia não se via escrevendo textos para serem memorizados. Gostava mesmo era de contar de forma natural e improvisada. Entretanto, para uma artista de teatro que se formara decorando e recitando as palavras dos grandes autores, a ideia de deixar tudo para a inspiração do momento era um tanto assustadora. Na arte da conversação em sociedade, sua verve era exuberante. Mas falar de improviso em um palco constituía um novo desafio. Foi minha a proposta de registrar em fita cassete as rememorações e depois em casa passá-las para o papel. As falas de Tônia eram, como toda e qualquer verbalização espontânea, eivadas de hesitações, lacunas, interrupções, repetições etc. Fiz uma edição que enxugava essas imperfeições e organizei a sequência das ideias, dando a este segundo texto uma estrutura de relato. O objetivo era ganhar em clareza e eficácia narrativa, mas sem desperdiçar a naturalidade da locução original.

Contudo, logo percebi que Tônia tampouco queria um novo texto para ser decorado *ipsis litteris* para funcionar à maneira de *intermezzos* entre as cenas. Seu desejo era se dirigir à plateia como se as palavras estivessem lhe ocorrendo ali no momento. Esse contato direto rompendo a quarta parede era fundamental para ela. O espetáculo todo deveria soar como uma entrega, uma autodoação da atriz ao seu público. O personagem principal era ela, Tônia, a pessoa, a mulher. Não foi à toa que o primeiro título dado à peça foi *A presença de Tônia*. Mas tal título não permaneceu. A humildade falou mais alto com a compreensão de que, mais do que ela, o verdadeiro protagonismo era a presença dos seus amigos.

Na busca desse contato íntimo com o espectador, Tônia entendeu que, em vez de reproduzir fielmente o texto formatado a partir das gravações, bastava tomá-lo como um guia, um roteiro de ideias funcionando como ajuda mnemônica para não correr o risco de se perder. Não seria problemático, por conseguinte, substituir os termos originais por sinônimos, ou mesmo alterar a construção fraseológica. O maior cuidado era apenas não omitir uma informação importante, não comprometer a concatenação do pensamento. Assim passou a acontecer sempre nas apresentações depois da estreia do espetáculo. Com o tempo, aliás, ela foi ganhando "cancha", e se permitindo inclusive fazer digressões, inserir novos dados ou reflexões que porventura lhe ocorressem na hora, como parênteses que adicionavam tempero à narrativa de base. Fechado o parêntese, ela retornava ao texto para completar a transição para a cena seguinte.

Por isso, os depoimentos como aparecem no *script* do espetáculo aqui publicado são

apenas uma das formas possíveis, digamos assim, uma versão-matriz que Tônia utilizava como referência. Algo que poderia ser apresentado dessa maneira, mas que também poderia ser dito com outras palavras.

Ao contrário, os textos literários foram memorizados com fidelidade rigorosa. O máximo que nos permitimos foram alguns cortes, procedimento utilizado habitualmente no teatro para ajustar o tempo cênico em função da concentração dramática.

Minha contribuição maior para a dramaturgia de *Amigos para sempre* foi precisamente a organização dessas falas de ligação. Os textos literários foram de escolha praticamente exclusiva de Tônia. E não me pareceu que ela tivesse feito muita pesquisa prévia. Tinha-os quase todos já pensados. Era óbvio que conhecia os textos há muito tempo. Eram obras dos amigos que ela havia acompanhado a vida inteira. A ordenação dos mesmos também foi de iniciativa sua com alguma colaboração minha. No decorrer do processo, houve acréscimos e supressões, bem como alterações da sequência. Tudo dentro da rotina normal de um espetáculo que se gestava como uma colagem.

Minha única sugestão para o repertório foi o conto "A Esbofeteada", retirado de uma das antologias de *A vida como ela é...* Tônia fazia questão de que Nelson Rodrigues fizesse parte do roteiro. Seu conhecimento da obra de Nelson era, no entanto, mais restrito à dramaturgia. Queixava-se, inclusive, de nunca ter atuado em uma peça do maior dramaturgo brasileiro, tendo somente interpretado Madame Clessi de *Vestido de noiva*, em uma adaptação para a televisão, dirigida por Paulo José. Mas havia a dificuldade de pinçar solilóquios, ou tiradas mais longas (os chamados "bifes" da gíria teatral) da obra de um dramaturgo que se notabilizara pelo diálogo coloquial, configurado, em geral, como o entrecruzamento ágil de réplicas breves. Pouco familiarizada com a obra jornalística de Nelson, não lhe ocorria nenhuma ideia. Eu, de minha parte, conhecia profundamente o cronista, o colunista de verve inesgotável. Quando leu "A Esbofeteada", Tônia adorou, e imediatamente agregou-a ao espetáculo. E saiu-se brilhantemente como "contadora de história", alternando-se entre a saborosa narração de Nelson e as falas dos seus personagens. Era um dos momentos altos da peça.

Uma vez estabelecido o formato da dramaturgia, cumpria definir a linha de encenação a ser seguida. Como vimos, no tocante ao desempenho da atriz, havia o jogo entre a Tônia pessoalizada, falando na primeira pessoa, e a intérprete dos textos literários. No primeiro caso, ao dirigir-se diretamente à plateia, ela se aproximaria da área da boca de cena e do proscênio para chegar mais perto, tornar-se mais acessível, quase ao alcance da mão. Mas, ao se apropriar dos textos dos autores, não era mais Tônia quem falava. Era Vinicius, era Rubem

Braga, era Paulo Mendes Campos, era a mãe de "O caso do vestido", de Drummond, era Lady Macbeth.

É claro que mesmo a Tônia "pessoa" não deixava de ser uma "persona" teatral. Qualquer coisa que se faça sobre um palco com propósito artístico é sempre uma criação que se instaura com forma e conteúdo definidos. Não é a Tônia da vida real, da sala de estar, mas uma teatralização da mesma, por mais espontânea que se mostre, por mais que o desempenho se dê em um campo de ambiguidade, onde as fronteiras entre o real e o imaginário parecem se dissolver. O objetivo era, claro, que o público tivesse a sensação de serem os convidados na sala de estar de Tônia. Mas as palavras da anfitriã eram uma composição ensaiada, ainda que o texto admitisse variações e digressões extemporâneas ao sabor do momento.

Poderíamos qualificar esse material, talvez, como "fragmentos autobiográficos". Contudo, não se trata aqui de uma escrita feita apenas de palavras, mas de um tecido cênico, no qual o verbo é somente uma camada. A presença física da atriz (novamente "A presença de Tônia"), de forte magnetismo, suas posturas, seu gestual, suas deambulações pelo palco, sua expressão facial, suas ressonâncias vocais, tudo isso tinha desenho formal e densidade semântica. Eram signos de um discurso teatral, por mais que se quisesse "vendê-los" como fatias de vida. Trata-se de um truque, de um artifício para uma plateia que quer ser enganada, uma plateia que estabelece com a atriz um pacto voluntário – com mais ou menos consciência, dependendo da inteligência do espectador. A famosa suspensão da descrença: vamos fazer de conta que estamos sendo recebidos na casa de Tônia Carrero e não assistindo à performance de uma atriz que se oculta (ou se mostra?) por trás de si mesma...

Relendo o que acabo de escrever, que, no fundo, é uma reflexão apoiada em estudos de estética teatral e de teorias de recepção, me pergunto se Tônia se dava conta de tudo isso. Talvez não. Ela era culta, informada, mas não era uma intelectual. Quem sabe, acreditasse mesmo que aquilo que fazia em seus depoimentos não era um ato teatral, mas um ato "real". Mas essa percepção ingênua – se é que existia – era constantemente desmentida pela envolvente teatralidade que impregnava sua atuação. Se fosse uma entrevista em um *talk-show*, embora um/a ator/atriz nunca abandone completamente a tendência de representar, aí, sim, teríamos uma fatia de vida. Sobre as tábuas do palco, o que vemos é, indubitavelmente, uma performance artística.

Gradualmente, a feição do espetáculo foi se formando. Optou-se por uma cenografia enxuta: o palco praticamente vazio, apenas com uma cadeira e um cabideiro, onde ficariam pendurados algumas peças do figurino a serem utilizadas, como, por exemplo, o xale da mãe em o "Caso do vestido", ou o voal que envolvia a "Moça- Fantasma", dois dos poemas de

Drummond, que, por contarem histórias, pediam recursos de encenação, usados com economia, alusões mais do que confecções naturalistas. Outra opção cenográfica foi estender um tapete no centro do palco. Não que as marcações se limitassem a ele. Tônia passeava livremente, ocupando todo o espaço cênico. Mas, nas cenas mais densas, de maior concentração dramática e/ou poética, o tapete funcionava como área privilegiada, que uma iluminação mais fechada ajudava a circunscrever. Era o caso dos já referidos poemas de Drummond, dos solilóquios de Lady Macbeth, dos sonetos de amor de Vinicius, dos versos doloridos de Bandeira etc. Muitas vezes, Tônia interpretava os textos absolutamente imóvel, de pé ou sentada. Em outros momentos, como em "A Esbofeteada", ou nas saborosas crônicas de Rubem Braga, no entanto, a própria levada da contação de histórias fazia com que se deslocasse livremente, avançando bastante em direção ao público.

Como pano de fundo, havia uma ampla cortina de lamê, que ocupava toda a extensão do palco. A cor discreta e elegante – em tom grafite – dava destaque às formas e cores que se animavam à sua frente. No programa, aparece meu nome assinando o cenário. Mas, na verdade, apenas sugeri essa proposta muito básica (tapete, cadeira, cabideiro e pano de fundo), que foi aceita por Tônia, cujo objetivo era lhe dar alguns pontos de referência espacial, sem tolher sua liberdade de movimento. Atriz experiente que era, apropriou-se facilmente do espaço, sugerindo ela própria grande parte das marcações. Os elementos de cenário foram selecionados em brechós com sua supervisão. O tecido do pano de fundo, Tônia encontrou entre o vasto acervo de materiais dos inúmeros espetáculos que realizara.

Para a criação do figurino, ela contou com a colaboração da estilista Leda Bastos. Juntas chegaram à solução de um vestido amplo e longo, uma espécie de túnica com um belo caimento, de um matiz azul acinzentado. Por cima, vestia uma peça mais escura com mangas compridas, leve e vaporosa. Buscou-se uma qualidade neutra nessa indumentária, já que, no espetáculo, a atriz tinha que se desdobrar em inúmeros personagens. Neutralidade relativa, porém, pois que se impunha sutilmente um tom de despojamento quase ascético na vestimenta fechada que lhe cobria o corpo todo, do pescoço aos pés, nas cores discretas, nos panos amplos e com muito movimento, valorizando o gestual e as evoluções de Tônia.

Enquanto se levantava o espetáculo, Tônia contou com as contribuições de Joel Rocha na preparação corporal e de Nancy Galvão, então sua nora, esposa de Cecil Thiré, que a ajudou a estudar e memorizar o texto. Eram trabalhos paralelos que se desenvolviam fora da rotina dos ensaios.

Como mencionei antes, em um primeiro momento, o espetáculo chamou-se "A presença de Tônia – um depoimento afetivo", e foi com esse título que teve sua pré-estreia no

Teatro da UFF de Niterói. A produção era de Oscar José, que também foi o responsável pela criação da iluminação. A música foi composta e gravada por Tim Rescala. O programa da pré-estreia credita a operação de som e luz a Hugo Tolipan, a assistência de produção a João Henrique, a divulgação a Sandra Villela, a programação visual a Glauco Rodrigues e as fotos a Kiko Douat.

Para a estreia oficial na Casa de Cultura Laura Alvim, em Ipanema, Tônia conseguiu apoios financeiros que possibilitaram a confecção de um belíssimo programa da peça, idealizado por Gringo Cardia, recheado de fotos da atriz em vários momentos de sua carreira e de imagens de muitas das figuras citadas no espetáculo. Outro material precioso ali contido são as palavras dos "amigos" sobre ela, cartas, bilhetes, crônicas, entrevistas etc. Nessa segunda etapa, a iluminação foi repaginada com mais recursos por Maneco Quinderé, a assessoria de imprensa ficou a cargo de Deolinda Vilhena e a assessoria de promoção foi feita por Maria da Glória Anticci. Oscar José manteve-se na direção de produção, com Paula Strozenberg como assistente. Foi então que o espetáculo passou a se chamar definitivamente *Amigos para sempre.*

Em sua versão mais simples, bem como na mais completa, o desenho de luz pontuava os diversos climas, ora intensos, ora mais leves, ora concentrados, ora expansivos. E contribuía para a clareza da narrativa, marcando com nitidez a diferença entre os momentos de contato com a plateia e os quadros teatrais. A trilha sonora também cumpria papel semelhante, com vinhetas musicais introduzindo e fechando as cenas, além de temas mais vibrantes para a abertura e a finalização do espetáculo. Ocasionalmente, introduzia-se sutilmente uma música incidental para adensar a tessitura expressiva de certas passagens.

Assim foi a construção de *Amigos para sempre.* Naturalmente, na etapa final, que antecedeu à pré-estreia em Niterói, passamos pelas costumeiras crises de ansiedade e nervosismo. Tônia estava um pouco insegura quanto ao texto. Tinha medo de não conseguir dominá-lo, de ter esquecimentos, de pular trechos, coisas que aconteciam de vez em quando durante os ensaios. Por maior que tenha experiência como ator de teatro, a insegurança será sempre sua companheira inevitável. Nos últimos dias, decidimos que ela usaria um ponto eletrônico como garantia. Tentativa inútil. Ela, que passara a vida decorando textos de envergadura, como de Ibsen ou Shakespeare, rejeitou a muleta. Tanto que logo no começo da primeiríssima apresentação, nós a vimos, surpresos, mexendo nervosamente nos cabelos, que escondia o aparelho, até não aguentar mais, arrancá-lo da orelha e atirá-lo na coxia. A partir daí, nunca mais teve problemas de memória e jogou-se livre, leve e solta pelos palcos do Brasil com *Amigos para sempre.*

O espetáculo teve vida longa. Oscar José e Hugo Tolipan foram sempre os fiéis escudeiros de Tônia, que se sentia em casa, tanto nos melhores teatros das capitais quanto em espaços mais modestos, alguns até precários ou improvisados, como em uma determinada escola do interior que sequer tinha auditório, muito menos palco. A solução encontrada foi amarrar carteiras de sala de aula formando uma plataforma um tanto periclitante coberta por uma lona. Eu não estava presente nessa ocasião. Ela me contou mais tarde a peripécia às gargalhadas.

Esta era a Tônia que conheci e dirigi: corajosa, desenvolta, exuberante. Representar era seu ofício, sua arte, que a fazia feliz, luminosa e viva.

Tônia Carrero
em Santa Marta Fabril (1955)

A MARCA REGISTRADA DA TÔNIA ERA A GENEROSIDADE E NÃO A BELEZA

Deolinda Vilhena

Tônia Carrero não está mais em cena. Em meio à tristeza dessa constatação, a delicadeza de três amigos, Luís Artur Nunes, Celina Portocarrero e Thereza Christina Rocque da Motta, parte da herança bendita deixada por ela, solicitando-me um texto sobre nossa Deusa loura. Era a vida oferecendo uma possibilidade única de fazer o meu luto, da maneira mais doce, viajando no tempo e descobrindo o quanto é antiga e forte a presença de Tônia em minha vida.

Jornalista desde sempre e, mais recentemente, pesquisadora das artes cênicas sempre lamentei a ausência de um *Panthéon* brasileiro, nos moldes do francês, que reconhecesse e agradecesse aos grandes nomes da pátria. Criei meu panteão particular e Tônia faz parte dele, com direito a lugar cativo no meu coração, há quase cinco décadas.

Paixão nascida durante a exibição da novela *Sangue do meu sangue*, de Vicente Sesso, exibida em 1969, pela TV Excelsior. Vocês podem imaginar o que significava para uma garota de nove anos de idade, morando na alta noroeste paulista, mais precisamente em Andradina, descobrir a conjugação perfeita de talento e beleza que emanava de Tônia Carrero? Virei fã de carteirinha e, na ausência de um teatro na região, restava-me a telenovela como meio de busca da compreensão da magia da arte da interpretação, assim assisti, embevecida a *Pigmalião 70*, *O Cafona*, *O primeiro amor* e *Uma rosa com amor*.

Tônia impressionava a adolescente curiosa e atraída pelo belo. Muitos anos depois, descobri que isso não era privilégio meu. Paulo Mendes Campos dizia que, quando Tônia Carrero "*irrompia na sala, na rua, na praia, ninguém podia olhar para outro lado, como acontece na penumbra quando se liga a televisão. Era de uma beleza formal, inconsútil, sem pespontos. E era, simultaneamente, em todos os seus gestos e instantes, uma graça. Uma graça nascente, a pular dos olhos, a recortar-se no sorriso, uma graça muito juvenil e quase um pouquinho estouvada. E daí, na duplicidade do encanto de Mariinha, andava uma contradição, pois as mulheres esculturais são sempre hieráticas, e nossa estátua de Ipanema era descontraída, eufórica, esportiva. Ela, por excesso de espontaneidade, acabava de criar um estilo novo no comportamento das moças lindas*".[1]

---

1 Paulo Mendes CAMPOS. In Programa da peça *Amigos para sempre*. Rio de Janeiro: novembro de 1996.

Mas, foi em 1974, com o disco *Toquinho, Vinicius & Amigos*, uma preciosidade, onde Toquinho e Vinicius cantam com diversos amigos, entre eles, Cyro Monteiro, que descobri que Tônia era muito mais do que uma atriz. Antes de cantar *Que Martírio* (Milton de Oliveira e Haroldo Lobo), Vinicius conta para Cyro que, houve uma época no Rio de Janeiro, onde uma única pessoa conhecia a letra completa da música: Tônia Carrero... Nunca mais esqueci a resposta de Cyro: "Tônia Carrero de teatro dando quinau em você", e Vinicius completa, com o charme que lhe era tão particular: "D. Tônia sabe de tudo"... Acho que foi a partir daí que passei a chamá-la de D. Tônia.

No verão de 1975, fui vê-la, pela primeira vez, ao vivo e em cores, no Teatro Copacabana, em *Constantina*, texto de Somerset Maugham, dirigido por Cecil Thiré, comemorando os 25 anos de carreira de Tônia. Aí deu-se o choque definitivo: nunca mais a beleza de outra mulher me causaria o mesmo efeito. Tônia é, ainda hoje, a mais bela mulher que conheci na vida. Tivesse nascido na França e seria o rosto da Marianne, símbolo da República Francesa; tivesse feito carreira em Hollywood, e Greta Garbo teria sido apenas mais uma. Mas Tônia optou pela pátria amada, ainda que tantas vezes mal agradecida, e preferiu ficar no Rio, tornou-se uma grande atriz, contrariando a previsão de um de seus professores franceses de que seria uma ótima senhora da sociedade, mas não tinha nada a ver com teatro. Frase forte o suficiente para levar ao desânimo simples mortais, mas não Tônia. Ela perseverou no caminho escolhido e, ainda em Paris, foi aluna de Roger Blin, Jean-Louis Barrault, que a chamava carinhosamente de "*Ma beauté*" e de Marie-Hélène Dasté, filha de Jacques Copeau.

O fato de ser bela fez com que Tônia tivesse que matar, não um, mas dois leões por dia, para que todos vissem o que a sua beleza encobria – o seu talento. Pois, se ser bela não a impediu de fazer *Navalha na carne*, de Plínio Marcos, nem de aceitar o convite de Gerald Thomas para fazer *Quartett*, de Heiner Müller, com certeza, foi o seu talento que lhe proporcionou a possibilidade de, por esses espetáculos, receber o Prêmio Molière de Melhor Atriz, então o mais importante do teatro brasileiro, cuja extinção, após a edição de 1995, deixou um vazio ainda não preenchido. Ela que já havia sido feita Chevalier de l'Ordre des Arts et Lettres, da República Francesa, comenda recebida das mãos de Jack Lang, então Ministro da Cultura da França.

Passei a acompanhar a trajetória de Tônia, agora no teatro. Estive na plateia, e depois nos camarins em busca de um autógrafo. Como lamento que não existissem *selfies* na época de peças como *Doce pássaro da juventude*, de Tennessee Williams, com direção de Carlos Kroeber; *Quem tem medo de Virginia Woolf?*, de Edward Albee, com direção de Antunes Filho; *Teu nome é mulher*, de Marcel Mithois, com direção de Adolfo Celi; *A amante inglesa*, de Marguerite Duras, com direção de Paulo Autran; *Quartett*, de Heiner Müller, com direção de Gerald

Thomas; *Esta valsa é minha*, de William Luce, com direção de Márcio Aurélio e *Mundo, vasto mundo*, coletânea de textos de Carlos Drummond de Andrade.

De todos esses espetáculos, que demonstram a presença da atriz Tônia Carrero na minha fascinação pelo teatro, *Quartett* me marcou especialmente:

> "(...) *Tônia atua majestaticamente, com garbo e elegância que valorizam com extrema sutileza as palavras que diz. A atriz parece ter encontrado um som para os vocábulos, sem que necessariamente esse som corresponda à desmontagem de seu sentido. Tônia se apoia, acima de tudo, na maneira de dizer, como se, em meio a um discurso quase cifrado, descobrisse e privilegiasse a forma para determinar o sentido. Há uma tal beleza em Tônia – figura de extrema dignidade – que não se lhe adivinha a decadência da personagem. Nessa contradição, a atriz encontrou sua maneira de expressão*".[2]

Profissional de teatro, passei a alimentar a vontade de trabalhar com Tônia. Nossos caminhos se cruzaram muitas vezes nas estreias da vida, mas apenas em 1979 nossos laços se estreitariam, graças ao meu contato com Cecil, Norma e as crianças. Nessa época, eram apenas duas, Carlinhos e Luisinha. Vivíamos os tempos de *O fado e a sina de Mateus e Catirina*, de Benjamin Santos e *A Resistência*, de Maria Adelaide Amaral. Tempos passados no Teatro Gláucio Gill, transformado em quintal da minha casa em Copacabana. Tempos em que, um mês após o retumbante sucesso da estreia de *A Resistência*, Flávio Bruno abria as portas de sua casa para comemorar o pagamento da produção da peça... Nunca mais vi isso! Tempos em que não existiam nem Ministério da Cultura, nem leis de incentivo e muito menos patrocínio!

Anos depois, trabalhando para Pedro Rovai, fiz *Gatão de estimação*, texto do francês Gérard Lauzier, traduzido por Luís Fernando Verissimo, com direção de Cecil, que também dividia o palco com Cláudia Raia, estrela nascente após sucesso retumbante na novela *Roque Santeiro*. Na montagem paulistana, Tônia era a figurinista e passamos momentos divertidos no Teatro Hilton.

Mas foi preciso esperar os anos 90 para trabalhar com ela. Tônia era a estrela de um elenco que contava com Mauro Mendonça, Lucélia Santos, Osmar Prado e Marcia Cabrita, na peça de Juca de Oliveira, *As Atrizes*, direção assinada pelo autor. A estreia, em setembro de 1991, no Teatro Villa-Lobos, foi marcada por uma sequência de problemas. Fecharam o pano

2 Macksen LUIZ. In *Quartett*. Macksen Luiz et alii. Macksen Luiz do Rozario Filho. São Paulo: Edições SESC São Paulo, 2017, p.109.

por duas semanas, Pedro Rovai e Juca de Oliveira convidaram Bibi Ferreira para redirigir a peça e, assim como Clara Nunes me deu Bibi, Bibi me deu Tônia Carrero, pois ela me trouxe de contrapeso e passei a integrar a equipe de produção.

Com *As Atrizes* fiz, entre abril e julho de 1992, a melhor turnê da minha vida de teatro. De Belém a Salvador. De Niterói a Porto Alegre. De Pelotas a Londrina. Costumo dizer que a amizade que resiste a uma turnê resiste a tudo.

A descoberta de que Tônia tinha espírito de mambembeira foi inesquecível. Ela, sem ser a produtora do espetáculo, o que a eximia de uma série de responsabilidades, não se negava a nada que pudesse contribuir para melhorar as condições de trabalho de todos os envolvidos. O elenco de turnê era formado por Adriano Reis, Eduardo Tornaghi, Tânia Loureiro e Marcia Cabrita. Precisa acordar cedo para encontrar prefeito, governador, gravar comercial de permuta, pegar avião de madrugada, encarar hotel três estrelas para estar perto da companhia, ela topava tudo... tremenda companheira. Na alegria e na tristeza.

No quesito farra, formamos uma dupla imbatível, e a noite acabava sempre em cantoria... Dona de voz delicada e de uma afinação impressionante, Tônia enveredava pelo repertório de Vinicius e era aplaudidíssima a cada vez que dizia o "Soneto de separação": "De repente do riso fez-se o pranto..."

Nunca vi D. Tônia fugir na hora dos problemas. Quando de nossa passagem por Fortaleza, uma nova lei determinava que as companhias de teatro não poderiam receber diariamente a renda da bilheteria. O dinheiro entrava nos cofres do Estado e, D'us sabe quanto tempo depois, era depositado na conta da produção. Impossível para uma companhia em viagem sair de uma cidade para outra sem levar a receita. Como pagar as despesas? Caos total. Única solução: pedir ajuda ao governador do Estado, a quem estava subordinado o Teatro José de Alencar. E foi assim que, com Tônia à frente do elenco e da equipe técnica, fomos recebidos pelo então governador do Ceará, Ciro Gomes, que, em audiência às 8h30 da manhã, resolveu o problema. Impossível resistir ao charme de Tônia Carrero, e se ela levasse às mãos ao cabelo para ajeitá-los de um jeito que nunca mais vi igual, aí então era imbatível. À noite, fechei o borderô e recebi o dinheiro da companhia.

Dias depois, já em Salvador, o mundo ameaçava cair sobre as nossas cabeças. A VASP atravessava um momento difícil e cancelara o patrocínio das companhias de teatro. A turnê, prevista para mais dois meses, se encerraria nas terras do Senhor do Bonfim.

Um passarinho nos soprou que o então governador da Bahia, Antônio Carlos Magalhães, era muito amigo do Wagner Canhedo, o todo-poderoso da companhia aérea. Audiência marcada, única exigência de Tônia: que toda a equipe a acompanhasse. Dentro de uma Kombi (as vans ainda não existiam), tomamos o rumo do Palácio de Ondina, inclusive João, neto de Tônia, à época com três anos.

Tônia, ao contrário de todos nós e filha de general que era, não se deixou amedrontar com a foto de Antônio Carlos Magalhães ladeado por dois generais, não lembro mais se Castello Branco e Médici, Costa e Silva e Médici, ou Geisel e Médici. Como digna herdeira do nome Maria Antonieta, colocou ACM e as passagens no bolso: bastou uma ligação do governador para Canhedo para que saíssemos de Ondina com o restante da turnê assegurada.

A maior lição dessa viagem foi constatar que era impossível não se deixar contaminar pela determinação e pela luta de Tônia, como bem disse Cecil Thiré:

> "*Como trabalha! Não tem medo de errar. Se lança a interpretar com ferramenta de profissional e despojamento de amadora. Estimula. É imprevisível e inesperada, exclusividade dos bem-dotados, ou dos grandes artífices da nossa profissão. Ela sabe, não sabe; quer saber, erra tudo. Tumultua. Ela acerta mais. Ela é fogo, uma batata quente em nossas mãos*".[3]

Na etapa do sul do Brasil, durante um mês, meu filho Pedro, à época com nove anos, juntou-se a nós, durante o período das férias escolares. Filho de produtora, ele estava habituado a dormir em camarins, a não ter hora certa para comer e a passar as noites nas coxias dos teatros. Muitas vezes era obrigada a deixá-lo sozinho num quarto de hotel, e aí a generosidade de Tônia se fazia presente: não foram poucas as vezes em que ela passou no quarto para pegar Pedrinho e o levava para todo lado, como se fosse mais um neto, colocando em prática a solidariedade com uma colega de trabalho. Eles foram grandes companheiros.

A turnê de *As Atrizes* chegava ao fim e, no último dia, enquanto fazíamos as malas dela, que voltava para o Rio de Janeiro, enquanto eu seguiria viagem agora com Bibi Ferreira em *Bibi in Concert*, ela me abraçou apertado e me disse: "Reconheça que Bibi é a menina dos seus olhos, mas diga que depois desta viagem comigo você envesgou um pouquinho". Ela tinha razão, se antes eu tinha uma estrela, a partir dali meu céu seria iluminado também por ela.

Mas, mesmo depois d'*As Atrizes,* eu tinha certa dor de cotovelo: Tônia nunca me convidara pessoalmente para trabalhar com ela. Nunca perdi a esperança de que esse dia chegaria. Em 1996, decidida a buscar outros rumos e a abandonar o teatro, me instalei na casa de minha mãe, em Santos. Um belo dia, toca o telefone e, do outro lado, uma voz conhecida me pergunta: "Se o teatro brasileiro precisar de você, você volta?" Respondi, calmamente: "Não". Nova pergunta: "E, se eu precisar de você, você volta?" Respondi: "Tente". Ela tentou.

3 Cecil THIRÉ. *Como Cecil Thiré vê Tônica, a atriz.* Rio de Janeiro: jornal *O Globo*, 1º de dezembro de 1974.

Acertamos todos os detalhes: eu não tinha mais casa no Rio, precisava de hotel, precisava de passagem de ida e volta, precisava de uma passagem para um bate-volta à Aliança Francesa de Santos, onde faria um teste de nivelamento no dia marcado para a estreia e queria um salário digno da correria que iria enfrentar. Ela, não apenas concordou com tudo, como me perguntou ao final: "Quer que mande por fax um termo de compromisso, ou minha palavra basta?" Como duvidar da palavra de D. Tônia? Como resistir à D. Tônia era impossível, no dia seguinte, eu chegava ao Rio de Janeiro para fazer a assessoria de imprensa e o lançamento do seu espetáculo *Amigos para sempre*, dirigido por Luís Artur Nunes.

Remexendo em seus baús, Tônia elaborou, em parceria com Luís Artur, um roteiro mesclando trechos de obras de Carlos Drummond de Andrade, Rubem Braga, Clarice Lispector, alguns de seus ilustres amigos, movida pela vontade de compartilhar com um público que a amava e que ela amava, "causos" os mais singelos, como o do encontro dela, aos 22 anos, com Carlos Drummond de Andrade. Ao ser apresentada ao poeta, ele virou a cara. Anos depois, num reencontro, Tônia perguntou se ele não gostava dela. Drummond teria respondido: "Você acha que é fácil encarar uma mulher tão bonita como você? Fiquei foi com medo, uai".

Essa mulher talentosa, generosa e majestosamente bela, colheu o amor dado pelo público anônimo e retribuído plenamente por ela com uma vida dedicada e devotada ao palco. Ao calor do público, juntou-se o reconhecimento da crítica especializada:

> "*Algumas pessoas amam o teatro. Outras vão, de vez em quando, ao teatro. Muitas jamais foram ao teatro, devem levar uma vida horrível, já que se satisfazem com a telenovela, essa risível contrafação.*
>
> *O que é teatro? Espelho de vícios e virtudes, segundo Hamlet, príncipe da Dinamarca. Único ancoradouro sólido a que podemos recorrer na alucinação permanente da vida, segundo o ator/diretor John Cassavetes, náufrago da realidade.*
>
> *Tônia Carrero poderia responder: o teatro sou eu. Como quem diz: o teatro é a presença viva do ator, o seu coração pulsante, a magia do seu corpo movente, a sua voz convertendo em palavras, ora joviais, ora medonhas, a alegria de viver ou o temor da finitude. (...) Quem ama o teatro, quem só vai de vez em quando e quem nunca foi, mas pretende iniciar-se, não deve perder* Amigos para sempre".[4]

Embora a crítica tenha demorado muito a aplaudir Tônia, como lembra Barbara Heliodora:

---

4 Armindo BLANCO. *Tônia para sempre*. Crítica publicada no jornal *O Dia*, 26 de novembro de 1996.

"Honra lhe seja feita, a moça bonita lutou como uma leoa para ser aceita como atriz: a seu favor, teve sempre uma grande empatia com o público, que lotava os teatros onde se apresentava; contra si, teve sempre o preconceito que nega talento à beleza, por princípio".[5]

Foram trinta dias no Rio de Janeiro, trabalhando em condições mais do que ideais, privilegiadas mesmo. Hospedada num hotel de luxo, o Marina, com direito à vista para o mar do Leblon, carro e motorista de Tônia à disposição, para que eu fizesse a divulgação do espetáculo. Maior mordomia impossível.

Dias depois da estreia, na véspera de voltar para Santos, Tônia me ofereceu um jantar de despedida, em companhia de dois de seus mais queridos amigos, Norma e Glauco Rodrigues. No final da noite, ela me deixou no hotel, com a promessa de voltar na manhã seguinte para me acompanhar até o aeroporto. Eram quatro horas da manhã e eu sabia que seria impossível ela vir me buscar às dez.

Acordei com um telefonema de Nina, durante anos anjo da guarda de Tônia, dizendo que o motorista passaria para me pegar, porque D. Tônia não poderia me acompanhar... O motorista foi o portador de um envelope, que deixei para abrir no avião. Dentro dele, um bilhete carinhoso e um cheque. Achei estranho. Oscar José, amigo querido e produtor do espetáculo, havia acertado tudo comigo.

Horas mais tarde, de volta à realidade, telefonei para agradecer e tentar entender o porquê do cheque. "Presente", disse ela. Primeira e única vez na vida que um "patrão" me pagou dobrado, simplesmente por achar que o resultado do meu trabalho valia mais. "Além disso", disse-me ela, "recebi o patrocínio que esperava para a peça. Tenho mais é que pagar bem os que trabalham comigo". Quantos fazem isso? Sempre soube que a generosidade, e não a beleza, era a marca nº 1 de Tônia Carrero.

Rubem Braga estava certíssimo quando escreveu:

"Fala-se muito do segredo da mocidade de Tônia. Prestem atenção: essa natureza generosa, o carinho que espalha por todos que a cercam, até ao mais humilde, é uma grande parte do seu segredo. Ser bom faz bem à alma, e à face, e nada envelhece mais que o estigma da mesquinharia gravado na cara; nada embeleza tanto quanto a doçura interior. Tônia é toda bela".[6]

---

5 Barbara HELIODORA. *Beleza ajudou e atrapalhou.* Rio de Janeiro: jornal *O Globo*, 28 de junho de 1995.
6 Rubem BRAGA. In Programa da peça *Amigos para sempre.* Rio de Janeiro: novembro de 1996.

Nos anos seguintes, nossos encontros tornaram-se raros, mas sempre conversávamos muito por telefone, e jamais deixei de visitá-la nas minhas idas esporádicas ao Rio de Janeiro. Em 2001, antes de seguir para uma temporada de seis anos em Paris, fui ao Rio me despedir dela. Na minha volta, em fevereiro de 2007, marcamos um encontro, tendo, como pano de fundo, a noite da entrega do Oscar e, como testemunhas, Irène Kirsch e Leonardo Thierry, sobrinho e afilhado querido, na casa do Jardim Botânico.

Pouco tempo depois, a vida nos reuniria para o que seria o nosso último trabalho. Nicole Algranti, sobrinha-neta de Clarice Lispector, me procurou para falar de seu projeto de transformar em filme as entrevistas de Clarice, realizadas entre maio de 1968 e outubro de 1969, para a revista *Manchete*, sob o título de *Diálogos possíveis com Clarice Lispector*, e outras feitas para o *Jornal do Brasil*, reunidas no livro *Entrevistas*, lançado em maio de 2007, pela Editora Rocco. O livro reúne conversas de vida com 25 personalidades, como Bibi Ferreira, Tarcísio Meira, Chico Buarque, Tônia Carrero e os falecidos Paulo Autran, Iberê Camargo, Clóvis Bornay, Marly de Oliveira, Érico Verissimo, Hélio Pellegrino, Tom Jobim, entre outros. Transportar para a telona, esses encontros memoráveis me soaram como um desafio.

Desafio ainda maior quando Nicole fez o convite para que eu participasse do filme como atriz. Estrear no cinema aos 48, quase 49 anos, sem jamais ter sido atriz na vida – sou um caso raro de produtora por opção e não por frustração –, vivendo Clarice Lispector/jornalista, contracenando com Bibi Ferreira, Elke Maravilha e Tônia Carrero, era areia demais para o meu caminhãozinho. Bibi declinou o convite por divergências nas agendas das filmagens e de suas turnês. Mas Tônia e Elke aceitaram, e foi assim que estreei no cinema em *De corpo inteiro*, que tem no elenco nomes como Aracy Balabanian, Beth Goulart, Chico Diaz, Fernando Eiras, Leticia Spiller e Louise Cardoso.

No dia marcado para as filmagens, chegamos de mala e cuia ao apartamento do Leblon, e Tônia havia se esquecido do encontro marcado. Dois minutos de pânico na equipe, mas eis que surge ela, do alto dos 86 anos recém-completados e nos tranquiliza: "Vamos filmar". A beleza estava diante de nós. Tônia foi e sempre será a mais bela mulher que conheci nesta vida. Não conheço uma que seja páreo para Tônia, porque, além de bela, ela exalava vida, coisa que falta à grande maioria. E, detalhe importantíssimo, Tônia tinha neurônios em permanente atividade: era uma beleza que pensava. Mulheres podem ser belas e inteligentes em diferentes graus, mas poucas são as que se fizeram notar por serem – ao mesmo tempo – extremamente belas e inteligentes. Para mim, nenhuma o fez como Tônia Carrero.

A perda de Tônia foi enorme em diversos sentidos: partiu uma das atrizes que mais contribuiu para que o teatro brasileiro no século XX fosse um grande matriarcado. Partiu também a cidadã Tônia Carrero, cuja imagem na linha de frente na passeata dos Cem Mil, em 1968, nas escadarias do Theatro Municipal, gritando contra a censura, contra a ditadura, ao lado de mulheres como Cacilda Becker, Eva Tudor, Eva Wilma, Leila Diniz, Odete Lara e Norma Bengell, restará na memória dos que viveram os 21 anos de chumbo nestas terras, muito especialmente nestes tempos tenebrosos que o Brasil atravessa.

Entretanto, egoisticamente – pois ninguém é perfeito –, a perda maior foi a dos que tiveram a oportunidade de conviver com ela, de privar de sua intimidade. Nós também perdemos a atriz e a cidadã, mas, acima de tudo, perdemos a amiga.

Recentemente, reli a transcrição de uma entrevista dela com Paulo Autran no programa *Roda Viva*, onde ela afirmava: "Só gosto das pessoas quando eu conheço os defeitos". Ela conhecia os meus, eu conhecia os dela: ler esta frase me deu a certeza de que fui, sou e serei amiga de Tônia para sempre.

Obrigada, Tônia. E, até breve!

Tônia Carrero, Leonardo Villar e Odette Lara em "Dream Girl", TV Tupi SP (1954). Estreia de Tônia na TV.

POR QUE AMIGOS PARA SEMPRE

Leonardo Thierry

Tônia Carrero era de uma geração de atores que tinha com o teatro uma relação diferente. Alguns anos atrás, Tania Carvalho foi de uma felicidade impressionante quando deu à sua biografia de Tônia o título *Movida pela Paixão*. Desde que eu consigo me lembrar, durante toda a minha infância e, até bem depois, quando fazia teatro, era evidente que Tônia estava sendo movida pela paixão.

No momento de respirar fundo e entrar no palco, ela parecia um facho de luz. Sabia que, quando entrasse em cena, não seria iluminada pelos refletores, mas pelo olhar do público, o que só acontece quando quem entrou no palco tem o poder de transformar o público em uma entidade única, uma espécie de criatura que ocupa toda a plateia e que nunca ninguém foi capaz de enganar. A criatura sabe o que move cada ator que entra em cena e sempre soube que Tônia era movida pela paixão.

A paixão pelo texto. Meu Deus, como ela amava os textos que fazia! Nunca mais esquecia da grande aventura que tinha sido cada um deles. Em 2008, fui com ela à estreia de *Otelo*, de Shakespeare, com Diogo Vilella como Iago, e o neto dela, meu primo muito querido, Miguel Thiré. Tônia tinha feito *Otelo* com Paulo Autran e direção de Adolfo Celi. Foi o espetáculo que, em 1956, inaugurou a Cia. Tônia-Celi-Autran. Durante o espetáculo do Miguel, comecei a sentir vontade de chorar.

O que mais eu podia fazer? Cada vez que Desdêmona entrava em cena e falava, a mulher de oitenta e seis anos sentada ao meu lado dizia, junto com ela, o texto que, cinquenta e dois anos depois de tê-lo feito, ela ainda sabia. Dizia bem baixinho para não incomodar ninguém. Mas eu ouvi. Disso não vou esquecer nunca mais.

A paixão pelos diretores. Adolfo Celi, acima de todos. O mestre. O grande guru. Se ela fosse uma tela, teria embaixo a assinatura dele. Cecil Thiré. O filho. A única pessoa por quem ela seria capaz de sacrificar qualquer coisa. Até mesmo a carreira, se fosse preciso. Começaram a relação atriz/diretor fazendo Ibsen. *Casa de Bonecas*. Como funcionavam bem trabalhando juntos! Fauzi Arap. *Navalha na carne*. O maior sucesso de todos. Que respeito ela tinha por Fauzi! Gerald Thomas. *Quartett*. A entrega radical. Um dos seus maiores trabalhos. Carlos Artur Thiré. *Um barco para o sonho*. O adeus aos palcos em pleno apogeu guiada pelo talento e pelo amor sem limite do neto que ela tanto amava.

Mas na vida de todo mundo sempre surge a hora do grito. Em 1996, Tônia resolveu explorar uma parte da floresta onde diziam que nunca ninguém havia entrado. Anunciou que iria montar um espetáculo, em que, sozinha no palco, iria contar histórias dos grandes escritores, poetas e dramaturgos que teve como amigos. Depois de cada história, diria um texto de cada um deles.

A ideia era linda! Em qualquer lugar do mundo seria um acontecimento extraordinário! Mas é difícil imaginar outro espetáculo que dependesse tanto da direção. Sem um grande diretor, seria impossível embarcar nessa aventura fascinante.

Acontece que o deus do teatro sempre teve pelo Brasil um xodó muito grande. No momento certo, nem antes, nem depois, como se fosse Mary Poppins descendo do céu de guarda-chuva aberto, a barba bem cultivada e o texto debaixo do braço, Luís Artur Nunes, simplesmente um dos maiores encenadores que o teatro brasileiro já teve em toda a sua longa trajetória (se alguém achar que é exagero, pergunte a alguém que faz teatro que opinião tem desse diretor) aterrissou na vida de Tônia.

Organizou o material que ela havia escolhido, deu forma final ao texto e, durante os ensaios, fez algo que nunca ninguém soube o que poderia ser, mas que, até então, ninguém tinha feito. O resultado foi um dos maiores trabalhos de toda a carreira de uma das grandes atrizes que este país já teve. Juntos, batizaram o espetáculo de AMIGOS PARA SEMPRE. E ficaram amigos. Para sempre.

Tônia só falava em Luís Artur com reverência. Mas era uma reverência que, em vez de distanciar aproximava, porque o carinho dela por ele era muito grande. Ele foi uma pessoa muito especial no universo dela. Uma estrela de primeira grandeza.

Em 2010, eu fui morar com ela. Depois de uma cirurgia para tentar livrá-la das consequências de uma doença congênita chamada hidrocefalia oculta, que provavelmente herdara da mãe, ela deixou de andar e falar. Embora estivesse lúcida (como ficou até o fim), ela não se comunicava mais através das palavras.

Um dia, Luís Artur veio visitá-la no apartamento no Leblon. O rosto dela se iluminou. Ela abriu para ele um sorriso lindo. Mas não falou. Ficou em silêncio como fazia com todo mundo. Então, ele também não falou. Ficou na frente dela, segurando suas mãos e passaram um longo tempo olhando um para o outro.

A imagem dos dois amigos dizendo-se tanta coisa sem falar foi um dos momentos mais intensos da espécie humana que tive o privilégio de presenciar nesta vida. Enquanto assistia, lembrei da famosa frase de Samuel Beckett: "Qualquer palavra é uma mancha desnecessária no silêncio e no nada".

Agora, com o esforço de Thereza Christina Rocque da Motta, que, como editora, não deixa dúvida de que é, ela também, da irmandade dos movidos pela paixão, Luís Artur Nunes lança AMIGOS PARA SEMPRE em livro, em que nos conta como foi o convívio com Tônia na época em que construíram este espetáculo.

Ao meu amigo-irmão muito querido e à sua editora, que, ao contrário dos outros, é evidente que tem poderes mágicos, desejo todo o sucesso que quem ama o teatro merece que seja o destino deste lindo projeto.

Rio de Janeiro, 26 de agosto de 2019

Tônia Carrero em "A Divina Sarah" (1984/1985)

Tônia Carrero
em *Amigos para sempre*

Amigos para sempre

Teatro foi berço, a casa,
a cama e a mesa, e vi
a imagem de corpo inteiro.
Onde o sonhado esplendor?
Que importa? Me reconheço.
Recomeço.
Minha vida. Minha morte.
Meu amor.

Tônia Carrero,
in *O Monstro de Olhos Azuis*

Tônia Carrero
em *Amigos para sempre*

Roteiro – *Tônia Carrero e Luís Artur Nunes*
Direção – *Luís Artur Nunes*
Músicas – *Tim Rescala*
Iluminação – *Maneco Quinderé*
Programação Visual – *Gringo Cardia*
Cenário – *Luís Artur Nunes*
Figurino – *Leda Bastos*
Assessoria de Promoção – *Maria da Glória Antici*
Assessoria de Imprensa – *Deolinda Vilhena*
Pesquisa – *Cristina Novaes e Claudia Stancioli*
Manipulação de Imagens – *Leonardo Eyer*
Assistente de Iluminação – *Hugo Tolipan*
Assistente de Produção – *Paula Strozenberg*
Camareira – *Lurdinha*
Direção de Produção – *Oscar José*

Governador do Estado do Rio de Janeiro
Marcelo Alencar
Secretário de Cultura e Esporte e Presidente da Funarj
Leonel Kaz
Funarj – Fundação de Artes do Estado do Rio de Janeiro
Vice-presidente – *Walter Santos Filho*
Diretoria de Artes Cênicas e Música – DAM
Diretor – *Bianca de Felippes*
Casa de Cultura Laura Alvim
Diretor – *Flávio Marinho*
Gerente – *Gilda Maria Mello Moreira*
Administrador – *Marcos Edon*
Maquinista – *Rafael Crepe*
Operador de Luz – *Sérgio de Mota Faria (Kibe)*

Este espetáculo estreou em 7 de novembro de 1996.
Casa de Cultura Laura Alvim – Ipanema – Rio de Janeiro

Ministério da Cultura
Lei Federal de Incentivo à Cultura

Uma realização TAC Produções Artísticas Ltda.

TEXTOS

(Em ordem alfabética por autor)

Carlos Drummond de Andrade
Clarice Lispector
Gonçalves Dias
Manuel Bandeira
Nelson Rodrigues
Paulo Casé
Paulo Mendes Campos
Rubem Braga
Vinicius de Moraes
William Shakespeare

AMIGOS

(Por ordem de entrada)

Tom Jobim
Heitor Villa-Lobos
Nelson Rodrigues
Aníbal Machado
Carlos Drummond de Andrade
Rubem Braga
Vinicius de Moraes
Manuel Bandeira
Paulo Autran
Clarice Lispector

PRÓLOGO

Eu tive tantos amigos
que nem posso enumerar.
Amigos ilustres...
Eu digo: que sorte!
Com sua convivência, eles
me impeliram sem saber.
Me impulsionaram
a que também eu
quisesse me realizar.
E nisso já lá se vão 46 anos –
que é o meu tempo de carreira!
Bem mais velhos do que eu,
muitos já morreram.
Morreram? Não.
Eles viverão para sempre.
Vivem em mim.
E a cada dia, suas frases,
suas histórias, seu humor,
sua poesia vêm me visitar.
E é isso que eu
trago pra vocês.
Essa é a minha riqueza,
minha alegria,
minha esperança.
Eu tive muitos amigos,
e é deles que eu vou falar.

TOM JOBIM

O primeiro amigo de quem vou falar é Tom Jobim. Por que escolhi o Tom para ser o primeiro? Porque ele é carioca. Como eu. Porque ele sempre celebrou o Rio de Janeiro. E, hoje, mais do que nunca, o Rio está precisando de vozes para reerguê-lo. Meu amigo, meu vizinho e tão pouco homenageado até agora: Antônio Carlos Brasileiro de Almeida Jobim.

Quando Tom nos deixou, Paulo Casé, mergulhado em recordações, evocou um fato passado num bar do Leblon, o Antonio's, de Manolo e Zelito, onde nos encontrávamos à noite. Essa evocação ele chamou de **REVELAÇÕES**[7]:

Ficamos sem Tom, sem som,
de pronto perdemos a graça.
O Brasil anda sem sorte.
Quantas ausências sentidas.
Tanta presença da morte.
(...)
É pau, é pedra...
Por Tom tudo chora,
o verde ficou de preto,
e a natureza de luto.
(...)
Quando um genuíno gênio
desaparece, parece
que o mundo encolhe,
e a vulgaridade cresce.
(...)
Em tarde descompromissada,
despida de expectativa,
testemunhei comovido
as primeiras águas de março
fluírem pelo chão do Antonio's.

---

7 Paulo CASÉ. *Jornal do Brasil*, sábado, 24/12/1994, pg. 14.

(...)
Ajustando ao ventre o violão,
empunhando o lápis na mão,
atento ao papel no balcão,
o arauto da bossa nova
cantava e calava, na cata
da precisa palavra escrita,
(...)
Manolo, Zelito e uns poucos
foram os ouvintes privilegiados
e assistentes do parto inaugural
desse antológico canto tropical
que merece, com toda justiça,
ser proclamado hino nacional.
(...)
Um homem se avalia por aquilo
que fez, pela falta que faz.
(...)
Mas o que Antônio Brasileiro
deixou de melhor e mais notável
(...)
foi seu propósito permanente [em tudo que criou]
(...)
de tornar nitidamente visível
a alma (...) de sua gente.
[PS]
Os católicos acreditam que
Cristo ressuscitou para redimir
a humanidade. Cariocas,
creiam, Tom não morreu: subiu
ao céu para negociar com
Deus a salvação do Rio.

HEITOR VILLA-LOBOS

Eu tive grandes amigos cariocas. Na verdade, tive grandes amigos de todas as partes deste Brasil. Mas os cariocas falavam o meu sotaque. Como Tom. Ou como o pintor Di Cavalcanti, que me hospedou por seis meses na sua casa em São Paulo nos começos da minha carreira de atriz, quando fui trabalhar no TBC, o Teatro Brasileiro de Comédia.

E, de um maestro para outro, a figura mais importante que conheci na minha infância, foi o grande Heitor Villa-Lobos. Lembro-me bem de sua figura admirável: cabelos ao vento, paletó aberto ao peito, a batuta na mão... No tempo em que eu ainda fazia a Escola Normal – sim, eu era normalista. (*Cantarolando.*) "*Mas a normalista linda/ não pode casar ainda/ só depois que se formar...*"), eu participei do coro orfeônico regido por Villa-Lobos. Que privilégio, hein? Mas era um privilégio um pouco frustrante, vou ter que confessar. Como sempre tive a voz grave, ele me pôs cantando na quarta voz! (*Cantarola um acompanhamento grave: pom-pom, pom-pom, pom-pom*).

Acho que foi por isso que eu nunca acreditei em mim como cantora. Nunca fiz um musical. Mas, não perco as esperanças! Para mim, a idade não conta. Para mim, o que vem depois é sempre melhor. E, às vezes, eu penso: de repente, Bibi Ferreira me treina a voz, eu faço um musical maravilhoso e deixo todos vocês embasbacados!

Eram os anos 40. Estado Novo, com a sua política cultural nacionalista e ufanista. Getúlio Vargas. O nosso coro orfeônico, regido por Villa, uma vez se apresentou para Getúlio. E, cada vez que o ditador se levantava no palanque, todas as normalistas também se levantavam e agitavam uma bandeirinha do Brasil. Um dos nossos números de *rigueur* era uma canção tupi-guarani. Mas, se é para celebrar o Brasil, hoje eu prefiro algo como a "**CANÇÃO DO EXÍLIO**",[8] de Gonçalves Dias.

8 Gonçalves DIAS. In *Primeiros Cantos,* 1847.

Minha terra tem palmeiras,
Onde canta o Sabiá;
As aves, que aqui gorjeiam,
Não gorjeiam como lá.

Nosso céu tem mais estrelas,
Nossas várzeas têm mais flores,
Nossos bosques têm mais vida,
Nossa vida mais amores.

Em cismar, sozinho, à noite,
Mais prazer eu encontro lá;
Minha terra tem palmeiras,
Onde canta o Sabiá.

Minha terra tem primores,
Que tais não encontro eu cá;
Em cismar – sozinho, à noite –
Mais prazer eu encontro lá;
Minha terra tem palmeiras,
Onde canta o Sabiá.

Não permita Deus que eu morra,
Sem que eu volte para lá;
Sem que desfrute os primores
Que não encontro por cá;
Sem qu'inda aviste as palmeiras,
Onde canta o Sabiá.

NELSON RODRIGUES

O Brasil já deu muitos gênios ao mundo e Villa-Lobos era um deles. Na música, temos também o nosso genial Tom Jobim, de quem já falei. Na literatura, Machado, Drummond, Guimarães Rosa. No teatro, na dramaturgia, nosso grande gênio é, sem sombra de dúvida, Nelson Rodrigues.

Nelson era marginal da sociedade bem comportada. Não era bem recebido por todos. Muitos o taxavam de imoral, destruidor das normas sociais, indecente, impróprio...

Mas gente do quilate de Aníbal Machado, Paulo Mendes Campos, Rubem Braga ou Otto Lara Resende o consideravam um gênio.

Nelson, além de grande homem de teatro, foi também um humorista, um brilhante frasista (*Imitando a voz de Nelson*): "*O jogo do bicho é a salvação do Brasil*". "*A mulher deve casar. O homem, não*". Uma das mais célebres: "*Toda mulher gosta de apanhar*". (*Pausa.*) "*Todas, não: só as normais*".

Para ilustrar esse polêmico aforismo, ele escreveu, em sua célebre coluna "A vida como ela é...", no jornal *Última Hora*, a crônica "**A ESBOFETEADA**".[9]

> *Virou-se para as coleguinhas:*
>
> *– Como meu namorado, eu confesso francamente: nunca vi! Tem um gênio! Que gênio!*
>
> *Indagaram:*
>
> *– Feroz?*
>
> *E Ismênia:*
>
> *– Se é feroz? Puxa! Precisa de uns dez para segurar!*
>
> *Olha para os lados e baixa a voz:*
>
> *– Vocês sabem o que é que ele fez comigo? Não sabem?*
>
> *– Conta! Ah, conta!*
>
> *Ismênia não queria outra coisa. Cercada de amigas interessadíssimas, resumiu o episódio:*
>
> *– Foi o seguinte: ele cismou que eu tinha dado pelota para o Nemésio. E não conversou: me sentou a mão, direitinho!*

9 Nelson RODRIGUES. "A Esbofeteada" – In *A vida como ela é... O homem fiel e outros contos.* São Paulo: Companhia das Letras, 1992.

– E tu?

Ergueu o rosto, feliz, envaidecida da bofetada:

– Eu vi estrelas!

Houve um silêncio e, ao mesmo tempo, um arrepio intenso naquelas meninas. Pareciam ter despeito, inveja, da agressão que a outra sofrera. Ismênia piscou o olho:

– Eu gosto de homem, homem. Escreveu, não leu, o pau comeu. Senão não tem graça. Sou assim.

(...)

Chamava-se Sinval, o namorado de Ismênia. À primeira vista, causava até má impressão. Faltava-lhe a base física da coragem. Era baixo, mirrado, um peito fundo de tísico, braços finos e mãos pequenas, de unhas tratadas. Custava crer que esse fraco fosse um violento. Todavia, estava lá o testemunho de Ismênia, que, batendo no peito, repetia: "Eu apanhei! Eu!" Acontece que entre as colegas presentes estava Silene, amiga e confidente de Ismênia. E Silene foi justamente a que se impressionou mais com o episódio. Conhecia vagamente Sinval e a sensação que ficara, de sua figura, foi a de um rapaz como há milhares, como há talvez milhões. De repente, sabe que esse cavalheiro, de aparência tão insignificante, bate em mulheres. Sem dizer nada a ninguém, experimentara uma crispação de asco e deslumbramento. Mais tarde, em casa, com a mãe e as irmãs, diz o seguinte:

– Eu acho que, se um homem me esbofeteasse, eu dava-lhe um tiro na boca!

(...)

Mentira. Não daria tiro na boca de ninguém. Impossível desejar-se uma alma mais doce, terna e tão incapaz de violência, de maldade. Mesmo sua exaltação fazia pensar na cólera de um passarinho. Durante três dias, não pensou noutra coisa. E pasmava que Ismênia se vangloriasse da bofetada, como se de uma medalha, de uma condecoração. No quarto dia, não resiste. Apanha o telefone e liga para o emprego do Sinval. Queria apenas passar um trote, e nada mais. Do outro lado da linha, porém, Sinval, caricioso, mas irredutível, exigia:

– Se não disser o nome, eu desligo.

Ia recuar. Mas deu, nela, uma coragem súbita. Identificou-se: "Sou eu, Silene". Arrependeu-se imediatamente depois de ter dito. Tarde, porém. E já Sinval, transfigurado, exclamava:

– Silene? Não é possível, não pode ser!

– Sou, sim.

E ele:

– Então houve transmissão de pensamento! No duro que houve! Imagine que eu estava pensando em você, neste minuto! Agora mesmo!

Foi por aí além. Transpirando de sinceridade, contou que gostava dela em silêncio, há muito tempo. Com o coração disparado, a pequena indaga: "E Ismênia?" Foi quase brutal:

– Ismênia é uma brincadeira, um passatempo, nada mais. Você, não. Você é outra coisa. Diferente!

Espantada com essa veemência, Silene quis duvidar. Então, emocionado, ele dramatiza:

– Te juro, pela minha mãe, que é a coisa que mais prezo na vida. Te juro que é pura verdade!

(...)

Silene despediu-se, afinal, com as pernas bambas. O simples fato de ter ligado já a envergonhava como uma deslealdade. Afinal, era amiga de Ismênia e... pior do que tudo, fora identificar-se. Durante o resto do dia, não fez outra coisa senão perguntar, de si para si: "E agora, meu Deus?" No telefone, aceitara o convite de Sinval para um encontro no dia seguinte. Mas o sentimento de culpa não a largou, senão no momento em que decidiu: "Não vou, pronto. Não vou e está acabado". Mas, foi. No dia seguinte, pontualmente, estava no local combinado, transida de vergonha. Sinval, num interesse evidente, profundo, foi ainda mais decisivo do que na véspera. Disse coisas deslumbrantes, inclusive, textualmente, o seguinte:

– Te vi, no máximo, umas oito vezes, dez talvez. Falei contigo pouquíssimo. Mas, assim ou assado, o fato é que te amo, te amo e te amo!

(...)

Ela acreditou. E acreditou porque se passara o mesmo com seu coração. Apaixonara-se, de uma dessas paixões definitivas, reais e mortais. Continuou a encontrar-se com o ser amado, às escondidas. Só não era mais feliz, porque pensava na outra. De noite, no quarto, especulava: "No dia em que Ismênia souber..."

Chegou esse dia. E foi, entre as duas, uma cena desagradabilíssima. Sem papas na língua, Ismênia disse-lhe as últimas: "Tu és mais falsa do que Judas!" Branca, o lábio inferior tremendo, Silene sentia-se incapaz de uma reação. A outra terminou, numa espécie de maldição:

– Hás de apanhar muito nessa cara!

(...)

O incidente foi lamentável por um lado e bom por outro. Lamentável, pelo escândalo, pelo constrangimento. Bom, porque esclareceu de vez a situação. Excluída Ismênia, oficializou-se o romance. Os dois puderam exibir, ostentar, em toda a parte, o imenso carinho em que se consumiam. Começaram a frequentar festas. E, então, surpresa e vagamente inquieta, Silene descobriu o seguinte: Sinval não se incomodava que ela dançasse com todo mundo. Estranhou e passou a interpelar o namorado:

– Você não tem ciúmes de mim?

– Não.

Admirou-se:

– Por quê?

E ele:

– Porque te amo.

Devia dar-se por satisfeita. E, no entanto, sua reação foi outra: estava descontente. Dias depois, suspira: "Eu preferia que tivesses ciúmes de mim". Sinval achou graça: "Ué!" Ela, sentindo-se irremediavelmente infantil, repete o que já ouvira não sei onde: "Sem ciúmes, não há amor!" O rapaz passou-lhe um sermão: "Parece criança!" Até que certa vez, a garota resolve ir mais longe. Pergunta ousadamente: "E se eu te traísse? Tu farias o quê?" Respondeu, sóbrio:

– Te perdoaria.

– E se eu voltasse a te trair?

Foi absoluto:

– Se continuasses traindo, eu continuaria perdoando.

(...)

Mas este diálogo, imprudente, perturbador, deveria marcá-la, e muito. A partir de então, foi outra alma, outra mulher. Era uma menina de modos suaves e bonitos. E, subitamente, passou a chamar a atenção de todo mundo, com atitudes desagradáveis, de escândalo. Nas festas, dançava com o rosto colado; e houve um baile em que bebeu tanto que teve que ser carregada, em estado de coma. Por outro lado, torturava o pobre Sinval, desacatando-o na frente de todo mundo. Ele, serenamente, com uma mesura à Luís XV, submetia-se às piores desconsiderações, incapaz de um revide. Até que, numa festa, ela se cansou desse inofensivo. Na sua cólera, humilhou-o:

– Você não é homem! Se fosse homem, eu não faria de você gato e sapato!

Ela bebera, outra vez, além da conta. Talvez por isso, ou por outro motivo qualquer, Sinval limitou-se a sugerir: "Vamos, meu anjo?" Mas em casa, sozinha, ela imergia numa ardente meditação. Uma noite, vão a uma outra festa. E lá Silene superou todas as leviandades anteriores. Quase à meia-noite, de braço com o par acidental, vai para o jardim. Sinval espera vinte minutos, meia hora, uma hora. E não se contém mais: vai procurá-la. O par, assim que o viu, pigarreou, levantou-se e desapareceu. Silene ergueu-se também. Com um meio sorriso maligno, anuncia: "Ele me beijou". Sinval não disse uma palavra: derruba a noiva com uma tremenda bofetada. Ela cai longe, com os lábios sangrando. Enquanto ele a contempla e espera, a pequena, de rastros, com a boca torcida, aproxima-se. Está a seus pés. E súbito, abraça-se às suas pernas, soluçando:

– Esperei tanto por essa bofetada! Agora sei que tu me amas e agora eu sei que posso te amar!

Passou. Mas nos seus momentos de carinho, e quando estavam a sós, ela pedia, transfigurada: "Me bate, anda! Me bate!" Foram felicíssimos.

Quando me separei do meu segundo marido, Adolfo Celi, Nelson me telefonou expressamente para marcar um encontro comigo no Amarelinho, na Cinelândia. Eu pensei que ele iria me mostrar uma peça nova. Não era. À queima-roupa, me disparou essa (*Imitando o jeito de falar de Nelson Rodrigues*):

– Tônia, você não acha que o grande amor, o verdadeiro amor só acontece uma vez na vida?

Eu rebati:

– Não concordo, Nelson. Eu já tinha amado antes do Celi.

(À parte.)

Carlos Thiré, o pai do Cecil.

(Voltando à narração.)

– E esse amor passou. Agora estou triste, porque me separei do Celi, mas vai passar também. Além disso, é apavorante a ideia de ficar sem amor para o resto da vida!

Quem leu a biografia de Nelson Rodrigues, *O anjo pornográfico*, de Ruy Castro, sabe que ele teve muitos amores, muitas mulheres. Quer dizer então que o homem pode e a mulher, não? Eu, hein...

Nunca se soube se Nelson falava a sério quando afirmava que toda mulher gostava de apanhar. Mas, por causa disso, levou a fama de o maior machista do Brasil. Mas foi justamente esse machista que criou no teatro toda uma galeria de grandes personagens femininas, a maioria delas, mulheres frustradas, oprimidas, exploradas. Por quem? Pelo homem. Pela sociedade machista.

Outra das grandes frases de Nelson Rodrigues: "*A mulher brasileira é mais frustrada do que uma cotia do Campo de Santana*".

Como vocês veem, o grande machista era, ao mesmo tempo, um grande feminista. Todo grande artista, todo gênio, é necessariamente um humanista. Portanto, um feminista. E, o maior de todos os gênios do teatro, William Shakespeare, não fugia a essa regra.

Eu fui a Desdêmona em *Otelo*[10], feito por Paulo Autran. Mas, uma das falas mais lindas da peça não era minha, era de Emília, a criada e confidente de Desdêmona:

Mas eu acredito que é por culpa dos maridos
Que as mulheres traem. Se eles não cumprem seus deveres,
E derramam nossos tesouros em regaços estranhos;
Ou, então, irrompem em ciúmes mesquinhos,
Impondo-nos restrições; ou, se ainda nos batem,
Ou reduzem nosso orçamento diário por despeito;
Ora, também temos sentimentos! E, embora tenhamos certa virtude,
Também temos espírito de vingança. Que os maridos saibam
Que suas mulheres possuem sentidos como eles; elas veem e cheiram,
E têm paladar não só para o doce como para o amargo,
Como seus maridos. O que procuram
Quando nos trocam por outras? Será prazer?
Acho que é. São levados pela paixão?
Acho que sim. É por fraqueza que erram?
Acho que é por isso também. E não temos paixões,
Desejos de prazer e fraquezas como os homens têm?
Então que eles nos tratem bem; senão, saibam
Que os males que praticam nos autorizam a fazer o mesmo.

---

10 William SHAKESPEARE. In *Otelo, o Mouro de Veneza*. Ato IV, Cena 3. Adaptação da tradução de Onestaldo de Pennafort. Rio de Janeiro: Civilização Brasileira, 1968 e de F. Carlos de Almeida Cunha Medeiros e Oscar Mendes. Rio de Janeiro: Companhia José Aguilar Editora, 1969.

ANÍBAL MACHADO

Eu convivia com Nelson Rodrigues, mas nunca fomos propriamente amigos íntimos, nunca fiz uma peça dele no teatro, embora tenha feito Madame Clessi em *Vestido de noiva*, num especial da TV Globo, dirigido por Paulo José. Agora, eu tive o *privilégio* de ser amiga do peito de outro grande nome das nossas letras: Aníbal Machado, pai de Maria Clara Machado e autor de *João Ternura*.[11]

Volto ao passado: eu, 21 anos de idade, casada, com um filho nos braços (casei-me aos 17!), andando pela Visconde de Pirajá, em Ipanema, paro diante do número 487. Era a casa de Aníbal. Quando se abriram as portas dessa casa, também se abriram para mim as portas da vida. Da verdadeira vida que eu passaria a viver.

Aníbal não foi um autor de muitas obras. E sabem por quê? Aníbal não tinha tempo para escrever, de tanto que o ocupava o "ofício da amizade", a arte de ser amigo, que cultivou como ninguém. Uma vez, ele até me ajudou com um empréstimo. Eu e Adolfo Celi éramos jovens e idealistas e sonhávamos em produzir teatro. Montamos um projeto caríssimo, contratamos mais de trinta pessoas, quando, de repente, nos demos conta de que não tínhamos um vintém. Ao ficar sabendo disso, Aníbal imediatamente solucionou o nosso problema com uma nota promissória. E foi com muita alegria, que, na segunda semana depois da estreia, com o teatro lotado todas as noites, comparecemos à casa de Aníbal, na Visconde de Pirajá. Brindamos com champanhe e rasgamos aquela promissória.

Paulo Mendes Campos descreve lindamente[12] essa "profissão de amigo", tão bem exercida por Aníbal Machado:

---

11 Único romance de Aníbal Machado (1894-1964), publicado postumamente em 1965, entregue a Carlos Drummond de Andrade, a quem pedira que cuidasse do livro, assim que terminou de escrever, um ano antes.

12 Paulo Mendes CAMPOS. *Crônica sobre Aníbal Machado*, publicado no jornal *Folha de S. Paulo*, em 10 de julho de 1994, originalmente publicada no *Jornal do Brasil*, em fevereiro de 1964, após o falecimento de Aníbal Machado, em 20 de janeiro.

Todo mundo era amigo de Aníbal Machado; os poetas todos: os anteriores a 22, os integrantes da Semana de Arte Moderna, a geração de 45, os concretistas, os indefinidos, que mal tinham metido o bico para fora da casca; os romancistas todos: regionalistas, subjetivistas; os plásticos todos, figurativistas, abstracionistas, tachistas, escultores, gravadores, desenhistas, arquitetos; os músicos: eruditos e populares, compositores ou executantes; as escolas de samba gostavam de Aníbal e a bossa nova também gostava de Aníbal; católicos e ateus frequentavam o coração de Aníbal; as crianças de todos os tamanhos o adoravam; os mestiços; os pretos, os judeus contavam com a fraternidade cálida de Aníbal; quem fosse perseguido, quem possuísse um defeito físico, moral ou psíquico, quem andasse infeliz, quem tivesse perdido um amor, quem quisesse ir para Paris ou ingressar no teatro, quem precisasse agudamente de dinheiro, quem clamasse por um prefaciador inteligente, quem andasse à cata de um leitor para seus originais, quem tivesse sofrido um acidente, quem pensasse em solidão, quem quisesse curar-se de embriaguez ou deixar de fumar, quem tivesse um problema, quem desejasse um conselho ou mesmo quem desejasse continuar no seu erro (só precisando de paciência, compreensão, bondade), quem chegasse de longe ou partisse: todos procuravam Aníbal. Era um consertador de material humano, e era também um homem que aceitava material humano tal como ele é, precário e torto...

CARLOS DRUMMOND DE ANDRADE

Foi nessa casa, na Visconde de Pirajá, a casa sempre aberta de Aníbal Machado, que, um dia, conheci Carlos Drummond de Andrade. Aníbal, Paulo Mendes Campos e Otto Lara Resende me chamaram para me apresentar (ou melhor, me "exibir como um troféu") ao grande poeta Carlos Drummond de Andrade. Pois o "grande poeta", ao me apertar a mão, ficou da cor púrpura e mudo como uma porta. Eu querendo ouvir pérolas maravilhosas saindo da boca do poeta, e ele, um túmulo. Anos mais tarde, quando já éramos mais chegados, eu lhe perguntei: "Por quê? Não gostou de mim?" Sabem o que ele me respondeu? "Não, imagine! Você pensa que é fácil encarar uma mulher linda como você? Eu estava morrendo de medo, uai".

Realmente, Drummond colocava a mulher num pedestal. Dedicou inúmeros poemas à figura feminina. Um dos mais lindos conta a história de duas mulheres: a legítima e a outra. É o "**CASO DO VESTIDO**".[13] Eu vou dizer este poema para vocês. Mas, para isso, eu vou precisar da ajuda deste xale. (*Pega um xale, se envolve nele e senta-se numa cadeira.*)

Duas filhas interpelam a mãe sobre um certo vestido:

Nossa mãe, o que é aquele
vestido, naquele prego?

Minhas filhas, é o vestido
de uma dona que passou.

Passou quando, nossa mãe?
Era nossa conhecida?

Minhas filhas, boca presa.
Vosso pai evém chegando.

Nossa mãe, dizei depressa
que vestido é esse vestido.

---

13 Carlos Drummond de ANDRADE. "Caso do vestido" – In: *A rosa do povo.* São Paulo: Companhia das Letras, 2012.

Minhas filhas, mas o corpo
ficou frio e não o veste.

O vestido, nesse prego,
está morto, sossegado.

Nossa mãe, esse vestido
tanta renda, esse segredo!

Minhas filhas, escutai
palavras de minha boca.

Era uma dona de longe,
vosso pai enamorou-se.

E ficou tão transtornado,
se perdeu tanto de nós,

se afastou de toda vida,
se fechou, se devorou,

chorou no prato de carne,
bebeu, brigou, me bateu,

me deixou com vosso berço,
foi para a dona de longe,

mas a dona não ligou.
Em vão o pai implorou.

Dava apólice, fazenda,
dava carro, dava ouro,

beberia seu sobejo,
lamberia seu sapato.

Mas a dona nem ligou.
Então vosso pai, irado,

me pediu que lhe pedisse,
a essa dona tão perversa,

que tivesse paciência
e fosse dormir com ele...

Nossa mãe, por que chorais?
Nosso lenço vos cedemos.

Minhas filhas, vosso pai
chega ao pátio. Disfarcemos.

Nossa mãe, não escutamos
pisar de pé no degrau.

Minhas filhas, procurei
aquela mulher do demo.

E lhe roguei que aplacasse
de meu marido a vontade.

Eu não amo teu marido,
me falou ela se rindo.

Mas posso ficar com ele
se a senhora fizer gosto,

só pra lhe satisfazer,
não por mim, não quero homem.

Olhei para vosso pai,
os olhos dele pediam.

Olhei para a dona ruim,
os olhos dela gozavam.

O seu vestido de renda,
de colo mui devassado,

mais mostrava que escondia
as partes da pecadora.

Eu fiz meu pelo-sinal,
me curvei... disse que sim.

Sai pensando na morte,
mas a morte não chegava.

Andei pelas cinco ruas,
passei ponte, passei rio,

visitei vossos parentes,
não comia, não falava,

tive uma febre terçã,
mas a morte não chegava.

Fiquei fora de perigo,
fiquei de cabeça branca,

perdi meus dentes, meus olhos,
costurei, lavei, fiz doce,

minhas mãos se escalavraram,
meus anéis se dispersaram,

minha corrente de ouro
pagou conta de farmácia.

Vosso pais sumiu no mundo.
O mundo é grande e pequeno.

Um dia a dona soberba
me aparece já sem nada,

pobre, desfeita, mofina,
com sua trouxa na mão.

Dona, me disse baixinho,
não te dou vosso marido,

que não sei onde ele anda.
Mas te dou este vestido,

última peça de luxo
que guardei como lembrança

daquele dia de cobra,
da maior humilhação.

Eu não tinha amor por ele,
ao depois amor pegou.

Mas então ele enjoado
confessou que só gostava

de mim como eu era dantes.
Me joguei a suas plantas,

fiz toda sorte de dengo,
no chão rocei minha cara,

me puxei pelos cabelos,
me lancei na correnteza,

me cortei de canivete,
me atirei no sumidouro,

bebi fel e gasolina,
rezei duzentas novenas,

dona, de nada valeu:
vosso marido sumiu.

Aqui trago minha roupa
que recorda meu malfeito

de ofender dona casada
pisando no seu orgulho.

Recebei esse vestido
e me dai vosso perdão.

Olhei para a cara dela,
quede os olhos cintilantes?

quede graça de sorriso,
quede colo de camélia?

quede aquela cinturinha
delgada como jeitosa?

quede pezinhos calçados
com sandálias de cetim?

Olhei muito para ela,
boca não disse palavra.

Peguei o vestido, pus
nesse prego da parede.

Ela se foi de mansinho
e já na ponta da estrada

vosso pai aparecia.
Olhou pra mim em silêncio,

mal reparou no vestido
e disse apenas: – Mulher,

põe mais um prato na mesa.
Eu fiz, ele se assentou,

comeu, limpou o suor,
era sempre o mesmo homem,

comia meio de lado
e nem estava mais velho.

O barulho da comida
na boca, me acalentava,

me dava uma grande paz,
um sentimento esquisito

de que tudo foi um sonho,
vestido não há... nem nada.

Minhas filhas, eis que ouço
vosso pai subindo a escada.

Vejam só o destino dos gênios brasileiros: Nelson Rodrigues teve que ganhar a vida como jornalista e Drummond sobrevivia como funcionário público, empregado no Ministério da Educação. Foi parar lá por conta de uma amizade de vida inteira com o maior ministro da Educação que o Brasil já teve em todos os tempos, Gustavo Capanema. Não fosse o salário de funcionário público, o poeta teria morrido de fome. Trabalhou mais de 30 anos a fio como burocrata, até conseguir se aposentar e se dedicar inteiramente à poesia. Nunca teve dinheiro suficiente para viajar. Podem imaginar? Ele que tinha um conhecimento tão profundo dos homens, da vida... Nunca foi à Europa. Ele que falava várias línguas, que lia Baudelaire no original, que traduziu Shakespeare e Schiller, nunca foi à Europa, porque não tinha dinheiro suficiente. Foi isso com certeza que o levou a desabafar no poema "**ESCRAVO DE PAPELÓPOLIS**":[14]

Oh, burocratas, que ódio vos tenho
e se fosse apenas ódio
é ainda o sentimento da vida
que perdi sendo um dos vossos.

Pois esse homem tímido com as mulheres era um gambá, um maracujá de gaveta. Escondia em suas gavetas, em seus cofres – bom mineiro que era – as suas coisas mais íntimas, seus sentimentos, seu erotismo.

14 Carlos Drummond de ANDRADE. "Escravo de Papelópolis" – In: *Farewell.* São Paulo: Companhia das Letras, 2016.

Os homens que conviviam com ele sabiam, mas, nós, mulheres, nunca tivemos acesso ao seu grande segredo. Segredo que só veio à tona após a sua morte. O poeta tivera uma amante por 27 anos! Até nisso ele foi fiel e conservador: durante 27 anos, a *mesma* amante!

Após sua morte, o neto, Pedro Drummond, descobriu um caderno de versos escondido. Um livro completo de poemas, todos de grande lubricidade e erotismo. Chama-se *Farewell*, que quer dizer "adeus" em inglês literário. Adeus a quê? Ao amor, à vida?

Em seus poemas eróticos, Carlinhos mostra que também era capaz de – digamos, em bom português – cada sacanagem! Por exemplo: fazer amor no banho.

Sob o chuveiro amar, sabão e beijos,
ou na banheira amar, de água vestidos,
amor escorregante, foge, prende-se,
torna a fugir, água nos olhos, bocas,
dança, navegação, mergulho, chuva,
essa espuma nos ventres, a brancura
triangular do sexo – é água, esperma,
é amor se esvaindo, ou nos tornamos fonte?[15]

Para me despedir do poeta-gênio e do ser humano maravilhoso que foi Carlos Drummond de Andrade, eu vou dizer um poema que revela que ele tinha também – e muito desenvolvido – um fino senso de humor: a "**CANÇÃO DA MOÇA-FANTASMA**".[16] Em sua cidade, Itabira, havia a lenda de uma moça que morrera virgem, e seu fantasma vinha assombrar os namorados que não teve. É certamente um poema datado: hoje em dia nenhuma moça mais morre virgem!

Eu sou a Moça-Fantasma
que espera na Rua do Chumbo
o carro da madrugada.
Eu sou branca e longa e fria,
a minha carne é um suspiro

15 Carlos Drummond de ANDRADE. "Sob o chuveiro amar" – In: *O amor natural.* São Paulo: Companhia das Letras, 2014.

16 Carlos Drummond de ANDRADE. "Canção da moça-fantasma de Belo Horizonte" – In: *Sentimento do mundo.* São Paulo: Companhia das Letras, 2012.

na madrugada da serra.
Eu sou a Moça-Fantasma.
(...)

Sou a vossa namorada
que morreu de apendicite,
no desastre de automóvel
ou suicidou-se na praia
(...)

Morri sem ter tido tempo
de ser vossa, como as outras.
Não me conformo com isso,
e quando as polícias dormem
(...)
meu espectro itinerante
(...)
vai olhando as casas novas,
(...)
Um perfume
que não conheço me invade:
é o cheiro do vosso sono
quente, doce, enrodilhado
nos braços das espanholas...
Oh, deixai-me dormir convosco.

E vai, como não encontro
nenhum dos meus namorados,
(...)
espreito os carros que passam
com choferes que não suspeitam
de minha brancura e fogem.
Os tímidos guardas-civis,
coitados! um quis me prender.

Abri-lhe os braços... Incrédulo,
me apalpou. Não tinha carne
e por cima do vestido
e por baixo do vestido
era a mesma ausência branca,
um só desespero branco...
(...)

As moças que ainda estão vivas
(hão de morrer, ficai certos)
têm medo que eu apareça
e lhes puxe a perna... Engano.
(...)
Não quero saber de moças.
Mas os moços me perturbam.
(...)
Se o fantasma não sofresse,
se eles ainda me gostassem
e o espiritismo consentisse...
mas eu sei que é proibido,
vós sois carne, eu sou vapor.
(...)

Agora estou consolada,
disse tudo que queria.
(...)

Me exorcizei!
Vou-me embora.
Eu sou a Moça-Fantasma!

RUBEM BRAGA

Eu me considero uma mulher rica. Não estou falando de dinheiro, mas da verdadeira riqueza que é a afetiva. A riqueza da amizade. Tive a sorte, o privilégio de ter como amigos algumas das figuras mais fascinantes, mais importantes do meu tempo.

Já falei de algumas delas, e agora vou receber aqui alguém, que, quando entrou, ficou para sempre no meu coração: Rubem Braga.

Ainda dando meus primeiros passos no teatro, junto com Rubem, Paulo Mendes Campos e Maria Clara, a filha de Aníbal Machado, criamos o "Teatro do Jardim". Queríamos montar *Le Malentendu*, de Camus, que Rubem tinha traduzido: *O mal-entendido*. Vocês acreditam que eu tive o topete de discutir com o Rubem sobre a tradução? "Nós não vamos falar isso assim, Rubem! Tá muito empolado!"

Pobre do Rubem, grande escritor, com um estilo comparável ao de Machado de Assis! Não tinha nada de empolado. Era a própria simplicidade feita estilo. E tinha que me aturar. Me escutava, me aguentava com a maior doçura. Por pura paixão, verdade seja dita.

Essa encantadora simplicidade aparece bem nessas suas crônicas que vou dizer para vocês:

NEGÓCIO DE MENINO[17]

Tem dez anos, é filho de um amigo, e nos encontramos na praia:

– Papai me disse que o senhor tem muito passarinho...

– Só tenho três.

– Tem coleira?

– Tenho um coleirinha.

– Virado?

– Virado.

– Muito velho?

– Virado há um ano.

– Canta?

– Uma beleza.

– Manso?

---

17 Rubem BRAGA. "Negócio de menino", março de 1964.

– Canta no dedo.

– O senhor vende?

– Vendo.

– Quanto?

– Dez contos.

Pausa. Depois volta:

– Só tem coleira?

– Tenho um melro e um curió.

– É melro mesmo ou é vira?

– É quase do tamanho de uma graúna.

– Deixa coçar a cabeça?

– Claro. Come na mão...

– E o curió?

– É muito bom curió.

– Por quanto o senhor vende?

– Dez contos.

Pausa.

– Deixa mais barato...

– Para você, seis contos.

– Com a gaiola?

– Sem a gaiola.

Pausa.

– E o melro?

– O melro eu não vendo.

– Como se chama?

– Brigitte.

– Uai, é fêmea?

– Não. Foi a empregada que botou nome. Quando ela fala com ele, ele se arrepia todo, fica todo despenteado, então ela diz que é Brigitte.

Pausa.

– O coleira o senhor também deixa por seis contos?

– Deixo por oito contos.

– Com a gaiola?

– Sem a gaiola.

Longa pausa. Hesitação. A irmãzinha o chama de dentro d'água. E, antes de sair correndo, propõe, sem me encarar:

– O senhor não me dá um passarinho de presente, não?

Rubem gostava de receber os amigos no terraço do seu dúplex, no décimo segundo andar de um prédio em Ipanema. Tinha uma vista de 360 graus, e ele o havia transformado em jardim e pomar. Um jardim suspenso num terraço em Ipanema! Era mesmo o "fazendeiro do ar". Nós nos sentávamos em volta de sua rede. E quantas risadas, cantorias e histórias soavam ali! Separei duas historietas para vocês. São quase nada, mas são lindas.

Manuel Bandeira dizia de Rubem: "Ele é sempre bom. Quando está sem assunto, então, é ótimo!".

A FOGUEIRINHA[18]

Alguém me conta a história de um homem velho que ele viu sentado à porta da casa em uma hora de sol, fazendo uma fogueirinha de gravetos. Passou e deu bom dia. O homem responde. Então ele perguntou de brincadeira:

– Está se aquecendo?

O homem respondeu:

– É.

– Mas por que você fez esse fogo? Faz sol...

O venho erguei os olhos tristes:

– Porque é bonito – e me faz companhia.

PRESENTE E PASSADO[19]

A avó de minha amiga está com noventa anos feitos. Vive muito modestamente, mas tem o costume de lembrar às visitas:

– Pois é. Eu fui casada com um ministro...

Um negro velho, cria da família, de tanto ouvir aquilo, acabou dizendo, com o desembaraço dos velhos servidores:

– A senhora não deve ficar repetindo essa coisa. Quando a gente bate numa porta, a

18 Rubem BRAGA. "A fogueirinha", janeiro de 1948.

19 Rubem BRAGA. "Presente e passado" – In: *Recado de Primavera.* São Paulo: Global, 1984.

pessoa lá de dentro sempre pergunta: "Quem é?" Ninguém pergunta: "Quem foi?"

Todo mundo sabe da "paixão eterna" que Rubem tinha por mim. Ele alimentou essa ideia – de ser irremediavelmente apaixonado por mim – durante toda a vida. Provavelmente, isso lhe fazia bem. Aos dois, aliás. Sabe lá o que é se saber amada por um homem como ele, que não era bonito fisicamente, mas era belíssimo de alma? Mais do que amor, paixão, a nossa foi uma longa, sólida e duradoura amizade, que nos acompanhou até a hora da sua morte.

Ainda no começo da nossa relação, um dia, ele me pediu que eu lhe desse um cacho do meu cabelo, que ele achava lindo. Eu não dei muita bola para o pedido, mas ele ficou meses insistindo: "Me dá um cachinho, Mariínha, me dá um cachinho do seu cabelo".

Aquilo foi me irritando. Me lembrei da orelha de Van Gogh. Eu tinha essa fantasia de que era uma namorada dele que o perseguia: "Que amor a sua orelhinha! Eu queria ela pra mim!" Até que, um dia, ele não aguentou, pegou uma faca, cortou a orelha e deu para ela: "Toma, tá aqui, pra você! A orelha! Satisfeita?" Foi assim que eu fiz: um belo dia, peguei a tesoura, cortei o tal cachinho e dei para ele. Muitos anos depois, um pouco antes de partir para sempre, ele me chamou no terraço do seu apartamento de Ipanema (que era jardim, era horta, era pomar), e me mostrou um medalhão que tinha mandado fazer, um escrínio, desses com uma tampinha de abrir e fechar, lindo! Dentro estava o meu retrato e... o cachinho!

Rubem Braga era o "sabiá da crônica". Suas crônicas revelam o grande poeta que ele era. Mas um poeta que escreveu pouca poesia propriamente dita. Mas, houve o caso de uma jovem senhora casada com um amigo seu, por quem ele teve talvez a maior paixão de sua vida. Aliás, ele costumava dizer: "Me acusam de cantar as mulheres dos amigos. Ora, a dos inimigos é que não ia ser, não é mesmo?!"

Pois bem, ele entreteve sozinho essa paixão, até que a moça sucumbiu. Rubem era charmoso demais, jeitoso demais. Marcaram um encontro. Naquele tempo, não havia motel. Foi uma complicação danada, até ele conseguir emprestado o apartamento de um amigo numa hora em que a empregada não estivesse em casa, para não ver a mulher casada. E... não deu certo. Despediram-se na maior tristeza: "Adeus", disse ela, "não venho mais".

Ele chorava. Mas ela veio a um segundo encontro, à tarde e, aí, aconteceu. Podiam, sim, ser amantes. Ela também se apaixonara. Então, ele escreveu um soneto, que foi incluído na antologia de Manuel Bandeira dos melhores sonetos brasileiros, coisa que deixava Rubem muito orgulhoso.

O soneto fala da sensação de plenitude de dois apaixonados passeando na praia logo depois de fazer amor. Deve ter escrito para alguém que ele amou muito. *(Maliciosa.)* Quem seria?

SONETO[20]

E quando nós saímos era a Lua,
era o vento caído e o mar sereno,
azul e cinza azul anoitecendo
a tarde ruiva das amendoeiras.

E respiramos, livres das ardências
do sol, que nos levara à sombra cauta,
tangidos pelo canto das cigarras
dentro e fora de nós exasperadas.

Andamos em silêncio pela praia.
nos corpos leves e levados ia
o sentimento do prazer cumprido.

Se mágoa me ficou na despedida,
não fez mal que ficasse nem doesse:
era bem doce, perto das antigas.

---

20 Rubem BRAGA. "Soneto". *Folha da Manhã*. Domingo, 23/09/1951.

VINICIUS DE MORAES

Outro grande amigo na minha vida foi Vinicius de Moraes. Que alegria quando ele vinha à minha casa! Eu telefonava para a turma: "Vinicius hoje vem!" Rolava uísque. Cantava-se a noite inteira.

Não vou descrever Vinicius. Eu não conseguiria. Manuel Bandeira dizia que ele era "um monstro de delicadeza"! Vamos deixar que ele mesmo se defina com as suas próprias palavras, em **POÉTICA I:**[21]

De manhã escureço
De dia tardo
De tarde anoiteço
De noite ardo.

A oeste a morte
Contra quem vivo
Do sul cativo
O este é meu norte.

Outros que contem
Passo por passo:
Eu morro ontem

Nasço amanhã
Ando onde há espaço:
– Meu tempo é quando.

Nos fins de noite, na madrugada, depois de muito uísque e samba, Vinicius ia para os botecos tomar um pingado e comer uma canoa, ou um enorme sanduíche de presunto. Boêmio como ele só! Pois esse boêmio, sambista e beberrão escreveu alguns dos mais belos sonetos de amor da língua portuguesa.

---

21 Vinicius de MORAES. "Poética I" – In: *Antologia poética.* Rio de Janeiro: Editora A Noite, 1954.

Vinicius era um "paladino do amor" que vivia nos dizendo: "Amai-vos, crianças, amai-vos, enquanto há tempo. Amai-vos sem pudor e sem pecado!" E a gente obedecia – na medida do possível... Fomos uma juventude muito feliz. Não havia Aids. A gente podia "dar" à vontade, sem culpa, sem castigo. E ele também amou muito. Casou nove vezes! Quando quis me apresentar à nona mulher, eu disse: "Ah, não Vinicius, esta eu vou pular, tá? Quem sabe, a próxima você me apresenta..."

Entre os sonetos de amor compostos por Vinicius de Moraes, um dos mais lindos é o **SONETO DE FIDELIDADE**[22]

De tudo, ao meu amor serei atento
Antes, e com tal zelo, e sempre, e tanto
Que mesmo em face do maior encanto
Dele se encante mais meu pensamento.

Quero vivê-lo em cada vão momento
E em seu louvor hei de espalhar meu canto
E rir meu riso e derramar meu pranto
Ao seu pesar ou seu contentamento.

E assim quanto mais tarde me procure
Quem sabe a morte, angústia de quem vive
Quem sabe a solidão, fim de quem ama,

Eu possa me dizer do amor (que tive):
Que não seja imortal, posto que é chama
Mas que seja infinito enquanto dure.

Vinicius era também um grande gozador. Gostava de "aprontar" com os amigos. Lembro-me de uma "aprontação" que ele fez com o grande pintor Di Cavalcanti – também um amigo querido.

Tinha falecido a mãe do escritor Álvaro Moreyra. Di quis arrastar Vinicius para o velório. Vinicius não queria ir nem por nada. Detestava funeral. Acabou concordando, mas

22 Vinicius de MORAES. "Soneto de fidelidade" – In: *Livro de Sonetos*. Rio de Janeiro: Livros de Portugal, 1957, p. 21-22.

avisou: "*Se ele falar 'Morreu como um passarinho', eu vou cair na gargalhada. Não vou segurar!*"

Ao chegarem ao velório, foram recebidos por Álvaro Moreyra no alto da escada. Vinicius correu para ele e esmagou-o com um abraço de pêsames. Álvaro, muito comovido, agradeceu e soltou: "*Morreu como um passarinho...*" Vinicius desatou na gargalhada, mas disfarçou bem, enterrando a cara no ombro do Álvaro. Parecia estar soluçando, mas, na verdade, estava se sacudindo de riso. Di Cavalcanti também não conseguiu se conter, mas não tinha como disfarçar: estava de frente, de cara para o Álvaro, que, alguns dias depois, comentou, ofendido, com os amigos: "*O Vinicius foi um verdadeiro amigo. Chorou no meu ombro e tudo. Mas o Di Cavalcanti... que falta de compostura!*"

Em seus sonetos, Vinicius cantou a alegria do amor, mas também cantou maravilhosamente a dor do amor, a famosa "dor de cotovelo". Quem nunca sofreu de dor de cotovelo?

Lembro de quando me separei do Adolfo Celi. O poeta Manuel Bandeira, outro dos meus grandes amigos, tinha escrito recentemente uma crônica sobre "o Celi da Mariínha", onde ele evocava o deslumbramento que fora escutá-lo declamando Dante em italiano, na Rádio Educativa.

Justamente nesse momento, eu morria de dor de corno, pois o Celi tinha me trocado – a mim, que tinha 38 anos de idade, na época – por uma mocinha de 18!

Escrevi uma carta para o Bandeira, dizendo que ele não era mais "o Celi da Mariínha". Nessa carta, eu perguntava: "Bandeira, então o amor sempre acaba?".

Quando penso neste episódio da minha vida, me vem à mente um outro soneto de Vinicius, o **SONETO DE SEPARAÇÃO:**[23]

23 Vinicius de MORAES. "Soneto de Separação" – In: *Livro de Sonetos*. Rio de Janeiro: Livros de Portugal, 1957, p. 51-52.

De repente do riso fez-se o pranto
Silencioso e branco como a bruma
E das bocas unidas fez-se a espuma
E das mãos espalmadas fez-se o espanto.

De repente da calma fez-se o vento
Que dos olhos desfez a última chama
E da paixão fez-se o pressentimento
E do momento imóvel fez-se o drama.

De repente não mais que de repente
Fez-se de triste o que se fez amante
E de sozinho o que se fez contente.

Fez-se do amigo próximo o distante
Fez-se da vida uma aventura errante
De repente, não mais que de repente.

MANUEL BANDEIRA

Já que me lembrei de Manuel Bandeira aqui várias vezes, não posso deixar de falar um pouco sobre ele. Quando jovem, o poeta ficou tuberculoso. (Cá entre nós, eu acho que foi de tanto frequentar a Lapa, que era o seu passatempo favorito.) A família ficou em polvorosa e mandou-o para um sanatório na Suíça. No longo tempo que passou neste sanatório, Bandeira escreveu muitos dos seus versos. Pois bem, o tuberculoso viveu 84 anos e enterrou toda a família! Talvez em parte por causa da doença – que na época era uma tragédia na vida de uma pessoa – a tristeza foi sempre uma nota dominante em sua poesia, como em **DESENCANTO**:[24]

Eu faço versos como quem chora
De desalento... de desencanto...
Fecha meu livro, se por agora
Não tens motivo nenhum de pranto.

Meu verso é sangue. Volúpia ardente...
Tristeza esparsa... remorso vão...
Dói-me nas veias. Amargo e quente,
Cai, gota a gota, do coração.

E nestes versos de angústia rouca,
Assim dos lábios a vida corre,
Deixando um acre sabor na boca.

– Eu faço versos como quem morre.

Mas esse poeta tão triste também foi capaz de fazer graça, como no poema "**VULGÍVAGA**":[25]

24 Manuel BANDEIRA. "Desencanto" – In: *A cinza das horas.* Rio de Janeiro: Nova Fronteira, 2010. (Primeiro livro de Manuel Bandeira publicado em 1917.)
25 Manuel BANDEIRA. "Vulgívaga" – In: *Estrela da vida inteira.* Rio de Janeiro: José Olympio, 6ª ed., 1976.

Não posso crer que se conceba
Do amor senão o gozo físico!
O meu amante morreu bêbado,
E o meu marido morreu tísico!
(...)

Fui de um... Fui de outro... Este era médico...
Um poeta... Outro, nem sei mais!
Tive em meu leito enciclopédico
Todas as artes liberais.

Aos velhos dou o meu engulho.
Aos férvidos, o que esfrie.
A artistas a coquetterie
Que inspira... E aos tímidos – o orgulho.
(...)

Se bate, então como estremeço
Oh, a volúpia da pancada!
Dar-me entre lágrimas, quebrada
Do seu colérico arremesso!
(...)

Não posso crer que se conceba
Do amor senão o gozo físico!
O meu amante morreu bêbado,
E meu marido morreu tísico!

PAULO AUTRAN

Agora, eu peço uma salva de palmas para Paulo Autran, meu colega de teatro, meu amigo, meu amante, meu irmão.

Paulo Autran é a minha amizade de maior tempo dentro e fora do teatro. Dentre todos os meus colegas de profissão, Paulo é o que mais cumpre a exigência do binômio talento/vocação. Vocação significa respeito pelo que faz, vontade de acertar, uma luta diária. Tem dinheiro, não tem dinheiro, a gente faz! Paulo, desde o início de sua carreira, demonstrou essa determinação de alcançar os seus objetivos, de triunfar.

Paulo Autran é um bicho de concha. Não gosta de sair, não gosta de festas... Muitas vezes, eu tinha que puxá-lo pelo braço:

– Vamos, Paulo, nós temos que ir a essa recepção! O prefeito desta cidade nos patrocinou tanta coisa!

Paulo terminava indo de cara amarrada. Lá na festa ele toma uma caipirinha (não passa de uma, nunca) e, de repente, começa a conversar, a dançar, a recitar, a cantar ao violão... Todo o mundo se volta para ele. Ele vira o grande sucesso da festa, enquanto eu fico lá jogada num canto!

Com Paulo Autran, eu fiz muitas peças. Entre elas, duas de Shakespeare: *Otelo*, que já mencionei aqui e *Macbeth*. Vou dizer agora para vocês dois monólogos da Lady Macbeth. No primeiro, ela incita o marido a usurpar o poder a qualquer custo. E no segundo, ela enlouquece pelos crimes que cometeu. Não sei por que essa senhora me lembra das figuras da História recente do nosso país. Uma que ficou anos em coma, enquanto a família se desintegrava à sua volta, e outra (uma senhora loira, que foi visitar o marido na cadeia), cujo coração explodiu um belo dia.

Macbeth! Estás perto do poder e hás de ser rei,
Como te prometeram. Embora eu receie tua natureza,
Cheia demais do leite da bondade humana
Para pegar um atalho. Queres ser poderoso,
Não te falta ambição, o que te falta é a maldade
Que deve acompanhar a ambição.
(...)
Vem perto de mim,
Que quero derramar minha coragem em teu ouvido,

Quero chicotear com a violência da minha língua
Tudo o que te separa da coroa
Que a fortuna e as profecias desejam conferir-te.
(...)
O Rei chegará à noite a este castelo.
(...)
Venham, espíritos
Que velam sobre os pensamentos da morte, tirem-me o sexo já,
E encham-me, inteira, dos pés à cabeça,
Com a mais feroz crueldade. Engrossem meu sangue,
Tranquem a entrada e a passagem do remorso!
Que nenhum sentimento natural de piedade
Abale meus propósitos homicidas, e que eu não tenha paz
Enquanto não os executar. Entrem em meus seios,
Transmudem meu leite em fel, ó, invisíveis sacerdotes do crime,
Venham de onde estiverem
Para provocar a desordem. Vem, espessa noite,
Embuça-te nos mais negros fumos do inferno,
Para que a minha faca afiada não veja a ferida que abre,
Nem os céus possam espreitar através do manto da escuridão
Para gritar-me: "Chega! Para!"
(...)
Ó, jamais o sol verá esse amanhecer!

(Pausa.)

Sai, mancha maldita!... Sai, estou dizendo!... Uma, duas; está bem, já está na hora de agir. O inferno é escuro! Que vergonha, meu senhor, que vergonha! Um soldado, e com medo? Por que ter medo que acabem por saber, quando ninguém pode pedir contas do nosso poder?... Quem poderia imaginar que o velho tivesse tanto sangue no corpo?...

(...)
O quê? Estas mãos jamais ficarão limpas?... Basta, meu senhor, basta, estragas tudo com esses sobressaltos.

(...)

Ainda sinto o cheiro do sangue!... Nem todos os perfumes da Arábia purificariam esta mãozinha. Ó! Ó! Ó!

(...)

Lava tuas mãos, veste teu roupão, não fiques tão pálido. Eu te digo novamente, Banquo está enterrado; ele não pode sair do túmulo.

(...)

Para a cama! Para a cama! Estão batendo no portão! Vem, vem, vem, vem, dá-me tua mão. O que está feito não pode ser desfeito. Para a cama! Para a cama! Para a cama! [26]

26 William SHAKESPEARE. In *Macbeth*. Trechos do Ato I, Cena V e do Ato V, Cena I. Tradução e adaptação de Armando Costa e Paulo Autran.

CLARICE LISPECTOR

Agora que estou reparando que só falei em homens! Como se meus amigos maravilhosos tivessem sido todos homens! Sem querer, eu presto mais atenção em homens, olha que coisa! Então, vou falar agora de uma grande amiga, uma grande escritora, uma grande mulher: Clarice Lispector. Não vou elogiar as qualidades literárias de Clarice, porque seria chover no molhado. Vou falar dela como mulher e como mãe.

Clarice era vaidosa. Um dia, me pediu para maquiá-la para uma festa. Me deu o dinheiro, eu comprei os produtos: a base, o pó, o lápis, a sombra para alongar os olhos (ela tinha uns olhos lindos, olhos puxados de cigana), o rímel, o blush, o batom etc. Fiz uma maquiagem impecável. No dia seguinte da festa, ela me ligou toda contente. "Tônia, foi maravilhoso. Eu estava tão bonita, que até arranjei um namorado! Graças a você!" E, de fato, naquela noite, ela encontrou um novo amor. (Não vou cometer a indiscrição de contar quem era – só digo que era um nome muito importante das nossas letras...)

Foi um dos últimos grandes amores de sua vida – ela que teve pouquíssimos. Foi sempre uma mulher sóbria, muito discreta. Dali em diante, sempre que ela tivesse um compromisso maior, quisesse ficar mais bonita, ela me chamava para maquiá-la.

Numa dessas ocasiões, ela andava muito ocupada e me pediu para novamente comprar os produtos de beleza. Só que, desta vez... ela se esqueceu de me pagar! De modo que eu tenho o privilégio de ter levado um calote de Clarice Lispector! Não é pra qualquer um!

Clarice gostava de dizer que, antes de ser escritora, ela era mãe. Ela dizia:

> *Eu quis ser mãe. Se eu não fosse mãe, eu seria sozinha no mundo.*[27] *E a cada dia que passa, eu me surpreendo mais com esses meus meninos.*
>
> *Um dia, quando acordei, um deles me disse assim:*
>
> *– Mamãe, eu ia fazer barulho no seu quarto de propósito pra ver se você acordava... mas você estava dormindo com tanta boa vontade... Você parecia uma Nossa Senhora... Aí eu fiquei sem coragem!*
>
> *Ou então no aniversário de um deles... Eu estava na cozinha, enrolando uns docinhos...*
>
> *De repente, ele me aparece sorrindo e diz:*
>
> *– Amanhã faço dez anos! Vou aproveitar bem este meu último dia de nove anos.*

---

27 Clarice LISPECTOR. – In "As três experiências", *Jornal do Brasil*, 11/05/1968 e *Para não esquecer*. Rio de Janeiro: Rocco. 1999.

Pausa, tristeza.

– Mamãe, minha alma não tem dez anos.

– Quanto tem?

– Só uns oito...

– Não faz mal, é assim mesmo!

– Mas eu acho que se devia contar os anos pela alma! A gente dizia: aquele cara morreu com vinte anos de alma! E o cara tinha morrido, mas era com setenta anos de corpo!

Fiquei pasma com a sabedoria do meu filho. E ainda mais pasma eu fiquei, no dia seguinte.

No meio da sua festinha de dez anos, ele me disse:

– Mamãe, eu não aproveitei bem os meus dez anos de vida.

– Como não, meu filho! Você aproveitou muito bem, sim!

– Não, mamãe, a senhora não entendeu! Eu não quero dizer aproveitar fazendo coisas. Querendo isso ou aquilo...

– Ah, não?

– Não, sua boba! Eu quero dizer que não fui contente o suficiente!

Senti uma espécie de arrepio por ver minha cria assim, tão dono de si... falando coisas profundamente sábias, que sabe-se lá de onde ele tirou...

(*Pausa.*)

Muitos anos depois, veio o dia em que ele saiu com a primeira namorada. Eu olhei para ele... e olhei para ela de cima a baixo. Claro! Ela, sem querer, me ameaçava... Eu teria que dividir meu filho com ela! Olhei para ela de cima a baixo, sim! E, silenciosamente, eu lhe disse que meu filho era o meu bem mais precioso e que ai dela se ela fizesse alguma coisa errada com ele! E ela entendeu... Eu tenho certeza! Era dia de Natal! Eu lembro muito bem! Era o primeiro Natal que ele, de repente, me abandonava e saía com outra mulher! Ou seja, eu não era mais a mulher de sua vida! Aí, ele, com todo aquele seu jeito esperto, me disse sorrindo:

– Você compreende, não é, mamãe? Eu não posso gostar de você a vida inteira!

EPÍLOGO

Chegou a hora de nos separarmos. Vocês me conheceram um pouco mais através de todos esses amigos maravilhosos que eu tive. Vou me despedir de vocês também com as palavras de Clarice. Só que eu mudei um pouquinho. Clarice fala do ofício de escritora, e eu vou falar do ofício de atriz:

> *Ser atriz, como sou há tantos anos, é um grande privilégio. O contato com o outro ser através da representação teatral é uma glória. Se me fosse tirado o palco, pelo qual tanto lutei e luto, eu seria uma mulher mais só. Alguma forma de comunicação com o mundo eu daria um jeito de ter. Representar é como um vício e uma diversão. É uma carência de amor, eu sei.*
>
> *E vocês? O que será que vocês querem ouvir de mim que eu não disse ainda? Será que eu, que atuei em tantas peças, em nenhuma delas eu disse: eu amo vocês? Não, mesmo? É incrível, pois eu amo, amo quem tem a paciência de esperar por mim e pela minha voz, por tudo o que sai através da palavra encenada...*
>
> *Não dou pão a ninguém neste país tão miserável. Só sei dar isso: umas palavras em cima de umas tábuas. Me dói ser tão pobre. Ontem mesmo, estava no meio da noite sentada na sala de minha casa, fui ao jardim e vi a lua. E uma solidão tão maior que o ser humano pode suportar me tomou. Esta solidão não passaria se eu não soubesse que sempre, a cada noite, até minha vida acabar, eu estarei aqui com vocês. Isto para mim sempre quis dizer: me amem...*
>
> *Eu amo vocês.*

Eu sei muito bem que muitos de vocês que estão aqui hoje eu não verei mais. Mas vocês viram a minha capacidade de fazer amigos. Então, quem sabe, esta noite eu ainda faça novos amigos? Para salvar esta noite, este encontro, esta lua – por favor, me amem e, se possível, me aplaudam. E me prometam que seremos **AMIGOS PARA SEMPRE**.

Obrigada.

Amigos Para Sempre

Este projeto é importante não apenas por trazer de volta aos palcos cariocas esta figura emblemática de teatro brasileiro interpretando algumas das mais belas páginas de nossos melhores autores. Seu eixo é uma evocação de uma trajetória ao longo dos momentos muito fecundos da vida carioca. Em suas reminiscências, Tônia revive os tempos de intenso convívio entre muitos dos maiores e mais privilegiados intelectos que nosso país produziu. Por acaso, seus grandes amigos pessoais. E que eram também seres humanos maravilhosos que cultivavam a ternura e a delicadeza de sentimentos. Naquela época de um Rio mais tranquilo, dedicaram-se, de corpo e alma, ao convívio afetuoso, à amizade profunda. Encontrando-se com uma frequência que não se vê mais nos relacionamentos de hoje, podemos imaginar a riqueza de sua interação. Tônia é um repositório, um arquivo vivo de lembranças desse tempo. E agora ela deseja reparti-las com o público carioca. O espetáculo afirma-se, assim, como um testemunho emocionado de um passado mágico. Daí sua importância como evento cultural, tocando de perto o Rio de Janeiro. Os cariocas de hoje, conhecendo os de ontem, visualizando a vida, a paisagem de outrora, como descendentes, produtos disso tudo, estarão, ao mesmo tempo, conhecendo mais profundamente a si próprios e à sua cidade.

Luís Artur Nunes

NUNCA HOUVE UMA MULHER COMO TÔNIA, PELO MENOS NO BRASIL

Quando nos lembramos de alguém que se tornou famoso pelo valor autêntico ou pelos equívocos da publicidade – vêm-nos logo à memória certos episódios significativos de suas vidas, sobretudo aqueles que prenunciam um "destino". Há oito anos, ao fim de um almoço em Paris (estava presente o ator-diretor Roger Blin), a dona do bistrô – uma mulher gorda, de olhar contemplativo e ar cansado – dirigiu-se a Mariínha: "Minha filha, Deus a conserve sempre assim... Você tem tudo a seu favor na vida".

Era um almoço de muito riso e canto, em que a nossa patrícia fora o centro e a figura principal. De outras mesas, vinham pedir que ela bisasse alguma canção do nosso folclore.

Para os seus triunfos na tela de cinema e, depois, no palco, o grande segredo de Tônia Carrero foi continuar Mariínha. Seu segredo e sua força. Mudou de nome, sem, porém, prescindir do que lhe é peculiar, aquilo que nos meios familiares os seus amigos e admiradores mais apreciavam nela: a simplicidade e a graça natural, a sensibilidade e o dom de simpatia humana, qualidades que, nas mulheres bonitas, têm o poder de tornar-lhes a beleza menos esmagadora e mais cativante.

Pois o que subsiste de Mariínha em Tônia Carrero garantiu a esta os irrecusáveis dons de intérprete teatral. Uma consciência artística superior, mais que modéstia natural, fê-la colocar em plano menos importante o que de imediato se impõe ao gosto das plateias: a beleza física da atriz.

Tônia abriu mão do direito que lhe cabia de ser vaidosa. Mas soube valorizar o que a natureza lhe dera: da voz, dos olhos, do gesto e das atitudes corporais conseguiu formar um instrumento maleável, de raro e sensível poder expressivo como linguagem teatral. Já tem vivido na cena os papéis mais opostos e difíceis, sem uma falha sequer, sem perda de vigor, sem quebra de ritmo. Seus desempenhos na Vera Cruz e no T.B.C. elevaram-na à mais alta categoria artística. É hoje uma das atrizes favoritas do público brasileiro.

Aníbal Machado

MARIÍNHA TODA BELA

Um amigo me perguntou se eu ia apresentar Tônia Carrero ao público. Engraçadinho. Colaborei no livro para ajudá-la, dentro de meu ofício; e a minha autoridade é a de um amigo de mais de 30 anos. De perto ou de longe, nunca deixei de acompanhar com atenção e carinho sua vida de artista e de mulher, através de não sei quantas peças, filmes, novelas e, precisamente, três casamentos. Conheci Tônia quando ela era Mariínha, mulher de Carlos Thiré, desenhista de talento, homem de publicidade de cinema e televisão. Foi numa festa na casa de Carlos Leão (Caloca), em Niterói, no Morro do Cavalão, que Vinicius cantou em uma balada: "*A tarde morre bem tarde/ no Morro do Cavalão...*" O casal Thiré morava na praia de Ipanema, num pequeno apartamento debruçado sobre o mar. Isso foi lá por volta de 1946; daí para frente, Tônia não parou mais de aparecer em cinema, teatro, televisão. Que mais posso dizer dela? Que era e é uma pessoa maravilhosa. Uma vitalidade louca, um coração muito bom, uma grande amiga.

Fala-se muito no segredo da mocidade de Tônia. Prestem atenção: essa natureza generosa, o carinho que espalha por todos que a cercam, até ao mais humilde, é uma grande parte do seu segredo. Ser bom faz bem à alma, e à face, e nada envelhece mais que o estigma da mesquinharia gravada na cara; nada embeleza tanto quanto a doçura interior.

Tônia é toda bela.

Rubem Braga

CARLOS DRUMMOND DE ANDRADE

Rio, 27 de dezembro, 1986.

Querida Tania:

Li "O Mestre de Olhos Azuis", da
primeira à última página. Foi obra de um
momento. Um espelho da vida de uma
menina num Brasil que teimava em desconhe-
cer a vida verdadeira! Você nos deu um
documento pungente, de alto valor social e
humano. Obrigado pela dedicatória
tão carinhosa. O abraço enternecido
do

Carlos

AVÓS

Chuvinha cinza-chata, dessas que sujam a manhã, mas, ao abrir o jornal, vejo sair dele um senhor raio de sol, que retifica a paisagem: nasceu uma menina. A menina é neta de Tônia Carrero. Tônia cada vez mais linda, mais artista, a ponto de obrigar a gente a não perder capítulo de novela de televisão, e a confessar que não perde. E Tônia feliz com nascimento da neta.

Gratas notícias são estas, primeiro porque já posso chamar Tônia de coleguinha (sou um avô já meio usado, mas ainda assim não abdico a condição). Coleguinha, entretanto, é pouco. Minha aspiração seria fazer de Tônia nosso porta-estandarte oficial, orgulho e símbolo de nova espécie de avós. Como se sabe, nosso patrono titulado era Victor Hugo, autor de *L'Art d'Être Grand-Père*.

Mas agora isso ficou desmoralizado, vovô Hugo não dá pé.

Avó. Vovó. Vó. A palavra fica mais verde, personificada em Tônia-dama do Maxim, Tônia-Desdêmona, Tônia-Cristina de Pigmalião-70, que encarna o novo conceito de abolório, e gracilmente deseja ser chamada de Mariínha, assumindo a condição e dando-lhe outro luzimento. Repito: estas são as boas notícias que o jornal nos dá, equilibrando tudo mais por aí e por além daí, que não sugere propriamente tempo de flor.

Oi, Luísa, engraçado: você nasceu filha de Cecil e Norma, porém nasceu principalmente neta de Tônia, sabe lá o que é isso? Deve ser bacana e incômodo. A família, ajuizadamente, já tomou providências: não quer você convertida em "artigo de consumo". Ser neta de tal avó deve constituir para você uma doçura meio proibida, assim como tomar sorvete na hora da aula de Educação Moral e Cívica sem o governo saber. Achei bom terem vedado o acesso do seu berço a fãs, corretores, fotógrafos etc. Você tem direito a ser e fazer, em anonimato feliz, tudo aquilo que um bebê não-responsável pelas besteiras deste direito está autorizado pela natureza a fazer e ser. Pois seja e faça.

Quanto à vovó Mariínha, Luisica, você tenha paciência, mas nós, os avós estabelecidos e nem sempre compreendidos, precisamos dela para testemunhar nossa fase atual, integrada no contexto da vida em movimento. Temos de mostrá-la como o esplendor de nossa grei, para o progresso da humanidade.

Jornal do Brasil, quinta-feira,
26 de novembro de 1970

Carlos Drummond de Andrade

SEMPRE EU

Quando Mariínha irrompia na sala, na rua, na praia, ninguém podia olhar para outro lado, como acontece na penumbra quando se liga a televisão. Era de uma beleza formal, inconsútil, sem pespontos. E era, simultaneamente, em todos os seus gestos e instantes, uma graça. Uma graça nascente, a pular dos olhos, a recortar-se no sorriso, uma graça muito juvenil e quase um pouquinho estouvada. E daí, na duplicidade do encanto de Mariínha, andava uma contradição, pois as mulheres esculturais são sempre hieráticas, e nossa estátua de Ipanema era descontraída, eufórica, esportiva. Ela, por excesso de espontaneidade, acabava de criar um estilo novo no comportamento das moças lindas.

Depois a garota de Ipanema foi chamada para trabalhar no cinema e no teatro. Não poderia dar certo. Como é que uma criatura tão bonita e tão natural, tão viva e tão ela mesma, poderia encontrar dentro de si os artifícios da representação? Tônia resolveu mais essa incongruência, tornando-se magnífica atriz. Não foi uma revelação, não foi um milagre. Foi um trabalho, foi uma criação. Com inteligência e sensibilidade, a Mariínha da praia se fez a Tônia Carrero no palco. Não temos muito outros exemplos de tanto empenho artístico como o desta senhora indelevelmente bela. Quanto ao ser humano... será preciso acrescentar alguma coisa?

Paulo Mendes Campos

Antonio Carlos Jobim

Querida Tônia

Maria Antonieta

Antônio te deseja

completa felicidade

Maria, Maricota, Cota, Nicota

Nico, Tomico, Antônio

Ana y Antonio

Anatom

O melhor colchão

Fazenda Paraiso

Sitio da Jararaca 23/agosto/93

Repouso do Falcão

Pouso e repouso das Harpyas

TEATRO, MINHA GRANDE REALIZAÇÃO

Para nós, seus amigos de mais longa data, é Mariínha. Mas o direito de chamá-la assim cabe a uns poucos privilegiados. A aluna Mariínha, Maria Antonieta Farias Portocarrero, da Escola Normal, aos 14 anos de idade convocava para as calçadas da Rua Mariz e Barros uma quantidade de meninos boquiabertos, do Colégio Militar e do Pedro II. Cabiam-lhe uns versos de tango: *Ibas linda como un sol/ Se paraban pa mirarte*. Seu pai, meu instrutor, e depois meu amigo, o Capitão Hermenegildo Portocarrero, era o primeiro a confessar, com verdade e sem modéstia: a filha era de fechar o comércio. Eu, mais hiperbólico, afirmava então que, depois de Júpiter e de Boticcelli, ninguém inventara formas mais puras do que o Capitão Hermenegildo Portocarrero. O ganhador desse prêmio foi meu amigo Carlos Thiré, filho do temível professor Cecil Thiré, cujos exercícios de matemática eu atravessava a duras penas.

Quando escrevi *Um deus dormiu lá em casa*, que então se chamava *Anfitrião* para me ombrear com Plauto, Molière e Giraudoux, Silveira Sampaio quis dirigi-la para reabrir o Teatro Copacabana, renascido de um incêndio. Silveira Sampaio, diga-se de passagem, foi o mais intuitivo e estupendo ator-autor-diretor do teatro brasileiro. Tomou meus originais e dias depois me perguntou: "Você acha que eu posso representar sua peça?" Coqueteria que respondi com uma *gaffe* galanteadora: "Você é capaz de tudo!"

O empresário era o cabeleireiro e maquilador Fernando de Barros; o diretor era Silveira Sampaio; o cenógrafo, Carlos Thiré; os atores, Mariínha, Paulo Autran (jovem amador, do Teatro de Amadores de São Paulo). Armando Couto, ator e autor incipiente de teatro infantil, Vera Nunes, estrelinha de radioteatro. E uma voz, que gritava do fundo do teatro, no fim do espetáculo: "Então, Anfitrião, tu és mesmo...?" A voz de Nelson Camargo. Os ensaios eram socorridos por sanduíches que minha mulher trazia de casa; a avaliação dos efeitos cômicos faziam-na amigos de boa risada, Carlos Perry, Aldary Toledo, Ernâni Vasconcellos.

No dia 13 de dezembro de 1949, *Um deus dormiu lá em casa* foi à cena: treze dias depois, ganhava os prêmios da crítica: melhor autor, melhor diretor, melhor cenógrafo, revelações de atriz e de ator. Tônia Carrero tinha nascido.

Quando esse acontecimento completou 25 anos, o ministro Ney Braga inaugurou, no Teatro Copacabana, uma placa de bronze, didascália do nascimento de Tônia Carrero e Paulo Autran, por obra e graça do modesto autor, do grande diretor, do requintado cenógrafo, cujos nomes não estão lá. Não faz mal: quem fez Tônia Carrero, de certo modo, fui eu: tomei a estátua de Mariínha e, humilde e orgulhoso Michelangelo, bati-lhe na cabeça e disse-lhe: *Parla*!

Numa noite apoteótica, nos jardins de Roberto Marinho, entre convidados de smoking e piscina iluminada, fomos consagrados. Todos, menos eu: tendo faltado a voz que gritaria "Sentinela de Tebas, alerta!", fui eu mesmo gritá-la, trêmulo, de papel na mão e isqueiro aceso para iluminá-lo, atrás de um bambuzal; ficara combinado que, apagadas as luzes do jardim, logo que se reacendessem era o sinal do início do ato – e o sentinela botaria a boca no mundo; vieram as luzes, berrei, ninguém respondeu; berrei de novo e de novo, desesperado; surgiu Silveira Sampaio correndo, dando a volta na casa, esbaforido, para estrilar: "Cale a boca! Estamos no intervalo, o pessoal está todo tomando uísque!" Era o meu fracasso de ator, mas ninguém percebera: a plateia masculina cercava Mariínha, digo, Tônia Carrero, isto é, Alcmena, todos concordando em que Júpiter tinha razão.

Mas era preciso uma segunda comédia, para prosseguir a temporada da companhia. Uma noite, num bar, contei a Carlos Thiré que gostaria de escrever uma versão marota de Don Juan, na qual o Burlador não passava de um tímido perseguido pelas mulheres. No dia seguinte, Thiré me apresentou o cenário. Passara a noite em claro, desenhando-o, recobrindo-o com recortes de feltro: era uma sala espanhola, com balcão ao fundo, panóplias nas paredes, cadeiras de alto espaldar. Comecei a escrever a peça. Volta e meia, tinha de telefonar a Thiré: "Por favor, abra uma porta à esquerda, que um personagem tem que sair por aí", ou, "Baixe a mureta do balcão, porque é por aí que Dona Ana vai subir". *Don Juan* foi à cena uma só vez no Rio, numa noite de beneficência. A companhia seguiu para São Paulo e só lá Tônia Carrero – Dona Ana – mostrou que tanto poderia seduzir Júpiter quanto domesticar Don Juan. Anos depois, em Paris, numa tarde de compras encerrada com um *champagne* no bar do *Maxim's*, Mariínha me perguntou: "Você acha que eu sou uma grande atriz?" Respondi: "É. Mas nem era preciso".

Guilherme Figueiredo

Nelson Xavier e Tônia Carrero em "Navalha na carne",
de Plínio Marcos (1967/1968)

ANATOMIA DE UMA ATRIZ

Otto Lara Resende interroga Tônia Carrero

Público e crítica viram em "Tiro e queda" o melhor trabalho de sua carreira. Para ela, a classe teatral tem dois grandes inimigos: chuva e crise política.

O que leva uma mulher ao palco?
Está aí uma coisa em que o homem e a mulher são idênticos: a vocação.

Qual a principal qualidade de uma atriz?
Nascer com uma estrela na testa.

Uma atriz pode ser burra?
O que é, afinal de contas, uma atriz? A mulher que está eventualmente no palco, recitando um papel? Não. É a pessoa que coloca a sua inteligência a serviço de um autor. Logo...

E a beleza de uma atriz sempre ajuda, nunca atrapalha?
A beleza ajuda sempre, em tudo.

O papel que você encarna, também encarna em você fora do palco?
No período dos ensaios, às vezes. Depois, não.

Qual o papel que lhe deu maior prazer de representar?
A atual Josefa, de "Tiro e queda", unanimemente considerada como a minha melhor criação.

E qual lhe deu mais trabalho?
A Desdêmona, de *Otelo*.

Você já interpretou algum personagem que não seja de sua simpatia ou, pelo menos, que não esteja na sua linha psicológica?
Não e nem pretendo. Aliás, se o fizesse, não o "faria".

Você representa fora do palco?
Quando convém, como todo mundo.

Você tem a permanente consciência de que é atriz?
No palco, sim. Fora dele, quem me dera.

Um ator é uma pessoa teatral?
É uma pessoa – a primeira do singular – teatral.

E os gestos teatrais, na vida real, lhe agradam?
Os gestos teatrais não me agradam nem no teatro.

Então qual o sucesso que lhe agrada mais: no palco ou fora dele?
O sucesso é um só. Uma coisa decorre da outra.

Por falar em sucesso, ele é essencial?
É essencial para tudo na vida.

A glória (ser reconhecida, autógrafos, etc.) conforta e enobrece? Ou aborrece o artista e rebaixa o verdadeiro talento?
Conforta e muito. Jamais rebaixa.

Gente de teatro é gente normal. Ou aquela desconfiança das "boas famílias" tem alguma razão de ser?
Você acha essa pergunta educada?

Você consegue gostar de uma pessoa que não gosta de teatro?
Não. Principalmente quando a pessoa o confessa.

Enquanto você representa, sente e acompanha a reação do público?
Completamente. Louis Jouvet costumava dizer que o espetáculo acontece metade no palco e metade na plateia.

E a tendência do público é para ser generoso?
A relação do ator-público é mediúnica e imprevisível. Às vezes, basta um "pé-frio" na plateia para todos os demais espectadores se tornarem monstros.

Qual o melhor público, o carioca ou o paulista?
Não há diferença.

Qual a pior situação: casa cheia, com um público hostil, ou casa vazia?
Casa vazia. Mas um público hostil impõe ao artista tremendo sofrimento moral.

O eventual fracasso de uma peça dói muito?
Tanto quanto perder uma pessoa amiga.

E a tendência da crítica, é para ser enjoada, severa ou incompreensiva?
Abstenho-me de fazer críticas à crítica.

Os grã-finos são bons espectadores?
Em grande número, são gelados.

Você já experimentou representar para uma plateia popular? Que tal?
Já representei até no meio da rua. É lindo e emocionante.

Você não acha que, no Brasil, os chamados intelectuais têm pouco gosto pelo teatro?
De jeito nenhum.

O que você prefere: arte pela arte ou arte engajada?
Todo bom teatro é válido. Claudel ou Brecht, Gheon ou Sartre, disseram bem suas ideias e fizeram um bom teatro. Mas, quando o autor pretende transmitir unicamente ideias, nada sobra. No Brasil, somos obrigados a um engajamento pelo menos de ordem econômica. É preciso, antes de tudo, fazer teatro para o grande público pagante. Ou, então, não o fazer como profissão.

Você nunca pensou em escrever uma peça?
Penso todos os dias.

Fazer rir é melhor do que fazer chorar?
O essencial é transmitir emoções.

Sendo relativamente caro, o teatro é feito para gente rica?
Teatro, no Brasil, é feito para a classe média. Ou seja, para os burgueses.

Você não acha que, no Brasil, o poder público dá até muita atenção ao teatro?
O poder público dá uma certa atenção ao teatro, mas muito menor do que ele recebe nos países culturalmente mais avançados do que o nosso.

Então, como você explica a existência de um Serviço Nacional de Teatro, com verbas e outros macetes, e a ausência de um Serviço Nacional de Poesia?
A comunicação do teatro com o público é muito maior do que a da poesia. Os poetas, quando querem atingir a massa, escrevem para teatro. Na verdade, atrás de um movimento teatral verdadeiramente amplo e legítimo, a gente da poesia está de braços dados com a gente do teatro. E, se os poetas acham necessário, por que não gritam e se agitam como nós? E os escultores? E os pintores? Têm um Serviço Nacional? Têm verbas? Nós vivemos para o teatro e a nossa obrigação é exigir o máximo. Se nesta terra subdesenvolvida todas as pessoas dessem conta das suas tarefas como nós damos, se rendessem como nós rendemos, se tivessem um espírito profissional como nós temos, se alertassem as autoridades como nós alertamos, se apresentassem problemas e soluções idênticas à nossa, viva o Brasil!

Por que, a seu ver, ainda são poucos os escritores brasileiros que se dedicam a escrever para teatro?
Porque escrever para teatro é um dom diferente e divorciado de resto da literatura.

Sem problemas financeiros, o teatro seria melhor?
Seria teatro, mesmo.

O teatro no Brasil ainda é subdesenvolvido?
Tecnicamente, é.

Você tem a consciência de ter contribuído para melhorar o teatro no Brasil?
Até hoje, não. O teatro é que me melhorou muito. Mas a tarefa de aprimorar a nossa arte cênica terá o meu empenho durante toda a vida.

Falta espírito de equipe ao teatro brasileiro? Ou sentimento de classe?
Falta força política à classe teatral. Temos espírito de equipe, e muito.

Qual o maior inimigo da classe teatral?
Chuva e crise política. Futebol, às vezes.

Você acredita em escola dramática?
A escola dramática é imprescindível para a formação de um verdadeiro ambiente teatral.

Ou artista nasce?
Nasce, também. Assim como nasce o médico e nem por isto sai operando antes de cursar uma escola.

Um diretor pode inventar um ator?
Só por uma peça. Depois o público descobre o truque.

Um bom ator precisa conhecer, de ler e de ver os teatros grego, romano, elisabetano, clássico, expressionista, realista, etc. ou o teatro está no sangue e o resto é bobagem?
O teatro deve estar no sangue, e o resto na cabeça.

Na sua companhia, você procura influir na direção, nos figurinos, na cenografia, ou cada macaco no seu galho?
Cada macaco no seu galho. Mas gosto de dar palpites.

Você é boa gerente?
Tenho aprendido um pouco.

Você gostaria de ser uma espectadora de Tônia Carrero?
O videoteipe já matou a curiosidade.

Com quem você gostaria de contracenar?
Com Marcello Mastroianni.

Você vê teatro?
Sempre que posso.

A sua experiência na televisão lhe serviu para alguma coisa?
Para ganhar dinheirinho.

Qual a maior alegria que o teatro lhe proporcionou?
A primeira, quando fundamos a Companhia Tônia-Celi-Autran com grande amor, entusiasmo e obstinação. A mais recente, quando tudo era caos, dívidas e falta de fé, e contratando um novo diretor, o espanhol Cabo, obtive enorme sucesso com a minha "Josefa". Paguei débitos que orçavam pela casa dos cinco milhões. Isto me trouxe indisfarçável orgulho e sentido de independência.

O que é maturidade de um artista?
É quando ele já não dá qualquer passo à frente.

Você se considera, agora, artisticamente amadurecida?
De forma alguma.

Se você fosse proibida de fazer teatro, sua vida seria viável?
Vazia, vaga e vagotônica.

Você vive do teatro ou para o teatro?
Vivo para o teatro e faço teatro para viver melhor.

Tônia Carrero e Dulcina de Moraes, inauguração da Companhia Tônia-Celi-Autran (1956)

Tonia

Não me despedi direito!
Quero que minha florzinha
Volte bela e bem magrinha
Para trabalhar no eito
De amores e flores feito
Volte tu oh! Mariinha
Grácil, frágil e lindinha
Com um grande amor no peito
Aos braços do teu eleito
É tudo que nesta manhã
te deseja o pobre Autran

DIÁLOGOS POSSÍVEIS COM CLARICE LISPECTOR

TÔNIA CARRERO: SÓ ACREDITO NUM MUNDO FEITO DE AMOR

De vez em quando, a natureza faz um ser de beleza perfeita e harmonia. Tônia Carrero, por exemplo, é um dos seres mais bonitos que conheço: é uma beleza simpática, a sua, e muito simples. O amadurecimento em Tônia só fez amadurecer sua graça, seu espírito. Trata-se, também, de um ser feminino muito leal, capaz de fazer grandes amizades e dar muito de si aos outros. É, enfim, uma pessoa extremamente viva e bela.

CL – Até que ponto sua grande beleza interferiu adiando o seu encontro consigo mesma, confronto esse que fez nascer em você uma atriz de verdade?

TC – Aceitando que eu tenha nascido uma mulher bonita, admito que esse fato tenha interferido no meu amadurecimento artístico. Porque eu fui mocinha que sempre sentia um impacto diante da minha beleza. Eu já tinha uma vantagem inicial, e sentia que de mim exigiam muito pouco mais do que isso; negavam-me. Isso naturalmente se refletiu no teatro, sobretudo em relação à crítica teatral. Desde um primeiro professor, num curso de teatro que fiz em Paris, que me deixou bem claro que eu só estava querendo ir para o teatro por uma questão de exibicionismo. Como se eu quisesse uma grande plateia para testemunhar minha beleza. Levei minha vida toda para provar a mim e aos outros que a coisa não era essa. Também isso se refletiu na minha maneira de vestir. Moça suburbana, normalista, filha de oficial do Exército, casada aos 16 anos com um jovem idealista – nunca tive durante a minha mocidade o poder aquisitivo para adquirir boas roupas. Mas, em compensação, fazia tanto sucesso com os meus trapinhos que custei a desenvolver um certo bom gosto para me vestir. O fato de ser bonita simplificava a minha procura de me apresentar bem.

CL – O que é amor para você, que é um ser tão amado?

TC – Você se acha um ser muito amado, Clarice?

CL – Fui amada por alguns e conheço a paixão.

TC – Eu também, Clarice. E com muita avidez de amor por pessoas que me interessam. Exijo muito, porque me dou muito. Isso todos sabem: alguns amigos, meu filho, César e a babá que me criou. Só acredito num mundo feito de amor. Talvez por isso é que meu mundo foi pequeno e sou uma atriz que não ganhou fronteiras.

CL – Como é que você reage diante da admiração alheia? Também você, surpreendida com o fenômeno da admiração ou achando natural, produto de seu esforço em ir adiante como atriz e como pessoa?

TC – Reajo com muita gratidão, porque sempre são poucos os que nos admiram realmente. Rubem Braga dizia que eu era tão ingênua que, se, ao passar na rua, um mendigo me dissesse: "Moça bonita", eu exibiria o maior sorriso de alegria.

CL – Às vezes, você sentia falta de não ter escrito a peça, em vez de ser apenas um intérprete? Embora a interpretação seja uma grande arte?

TC – Ah, sim. Eu invejo muito quem pode criar sozinha. Um autor, um artista plástico, um músico, refletem sempre um mundo interior muito maior do que nós, simples atores, intérpretes do pensamento alheio. Invejo muito você, Clarice. Acho seu mundo interior tão delicado e tão comovente que exibe você aos olhos de todos com uma luz muito forte: não pode haver mistificação.

CL – Você se cansa na repetição diária da mesma peça, ou considera cada noite uma experiência nova por ter público diferente todas as noites?

TC – Se o texto é fraco, cansa muito. Se o autor é importante, mesmo quando termina a peça, a busca interior não cessou ainda. E o público diferente de cada noite renova sempre as emoções, impedindo a rotina.

CL – Alguma vez você sentiu necessidade de apelar profundamente a Deus?

TC – Sempre que penso profundamente, a ideia de Deus me acode. Acho que a gente é muito pequenininha ainda para não depender dessa ideia. Quando o mundo for mais bonito e não sentirmos os seres humanos tão carentes de amor e caridade, quem sabe então já estaremos tão próximos a Ele. A ideia de Deus, para mim, é uma espécie de energia geradora do bem, que um dia deve se instalar na Terra entre os seres humanos. A Igreja atual está neste momento mais próxima da ideia de Deus do que nunca.

CL – Você se veste de um modo muito adequado: não precisa dizer quem desenha suas roupas, mas alguém desenha os modelos para você?

TC – Agora que eu já aprendi um pouquinho a me vestir melhor, sempre apelo para as pequenas boutiques que recebem o prêt-à-porter da Europa e dos Estados Unidos. Quando viajo, mais ou menos de dois em dois anos, também trago alguma coisa. No Brasil, já me vestiram Denner, Guilherme Guimarães, Clodovil e Maria Augusta Teixeira. Não tenho de mandar fazer roupa: compro tudo pronto. Acho que exige tempo e paciência, tempo perdido escolhendo fazenda e várias provas de vestidos: não é para o meu tipo.

CL – No seu segundo casamento, este com César Thedim, você se sente bastante amadurecida para ser uma pessoa casada e, portanto, realizada?

TC – Sim, me sinto muito mais generosa, experimento pela primeira vez o amor que pode dar, e a quem posso me dar plenamente. Mas acho isso um assunto muito íntimo para eu me estender mais.

CL – Que papel você gostaria de representar no palco?

TC – São tantos! Mas agora vou fazer uma peça que está me interessando muitíssimo, porque vou estar ao lado do meu filho, Cecil Thiré, pela primeira vez. Isso, para nós dois, eu e Cecil, é muito importante, porque há um estreitamento e laços de camaradagem e procura intelectual muito maior ainda.

CL – Que é que você acha de Plínio Marcos, esse rapaz de grande talento?

TC – Tenho a maior admiração pelo autor Plínio Marcos e pelo ser corajoso que ele é. Plínio Marcos é um intuitivo, um ser generoso, cheio de boa-fé. Que acredita naquele mundo ao qual me referi, quando falei sobre Deus.

CL – Dos personagens que você encarnou no palco, qual é o seu preferido, o que mais se assemelha à sua própria alma?

TC – Eu não prefiro que se assemelhe a mim. Prefiro o mais distante de mim, aquele que me deu a maior dimensão de humanidade: a Neusa Suely de *Navalha na carne*, de Plínio Marcos.

CL – Você, Tônia, não é pessoa de dizer palavrões. Mas noto que em peça de teatro diz tudo o que o autor escreveu, e com simplicidade e violência.

TC – Na realidade, só fiz isso agora. E não me arrependo.

CL – Você não pensa em entrar para o cinema? Para o Cinema Novo?

TC – Já estou filmando com o Cinema Novo e tem sido uma experiência fabulosa.

CL – Como é o nome do filme que você está rodando agora?

TC – *Tempo de violência*. Direção de um jovem de 26 anos chamado Hugo Kusnet. Os outros atores são João Bênio, Raul Cortez, Hugo Carvana, Antero de Oliveira, Isabel Ribeiro e uma pequena participação de Glauce Rocha. O roteiro é ótimo, eu estou muito entusiasmada.

CL – Que é que você mais deseja no mundo, Tônia?

TC – Paz. Não sei se desejo que se chegue à Lua ou não. Mas se os homens partirem, desejaria que retornassem com um sentimento do dever cumprido. Outra coisa que eu desejo muito é custar bastante a envelhecer. E também ser útil no que faço. Você me parece hoje muito vaga. Que é que você tem, Clarice?

CL – Não só estou vaga como de inteligência um pouco lenta. É porque não dormi esta noite.

TC – Que é que você faz quando não dorme?

CL – Dou a noite por encerrada, esquento café e tomo.

TC – Eu também tenho muita insônia. Aconselho você a fazer palavras cruzadas e a jogar paciência e a não tomar café durante a insônia, como você faz.

CL – Qual foi o diretor que mais influiu na sua capacidade de se expressar em cena?

TC – Nunca tenho o que mais influiu. Para cada fase de amadurecimento, há um diretor que sempre nos consegue fazer dar mais de um passo à frente. Para mim, os mais importantes foram Ziembinski, Celi e Fauzi Arap. Você sente falta de mais alguma coisa que eu diga? Gostaria de conversar com você muito mais, mas acho que você está muito cansadinha. Então, vamos dar por encerrado este diálogo, que foi, para mim, muito bom.

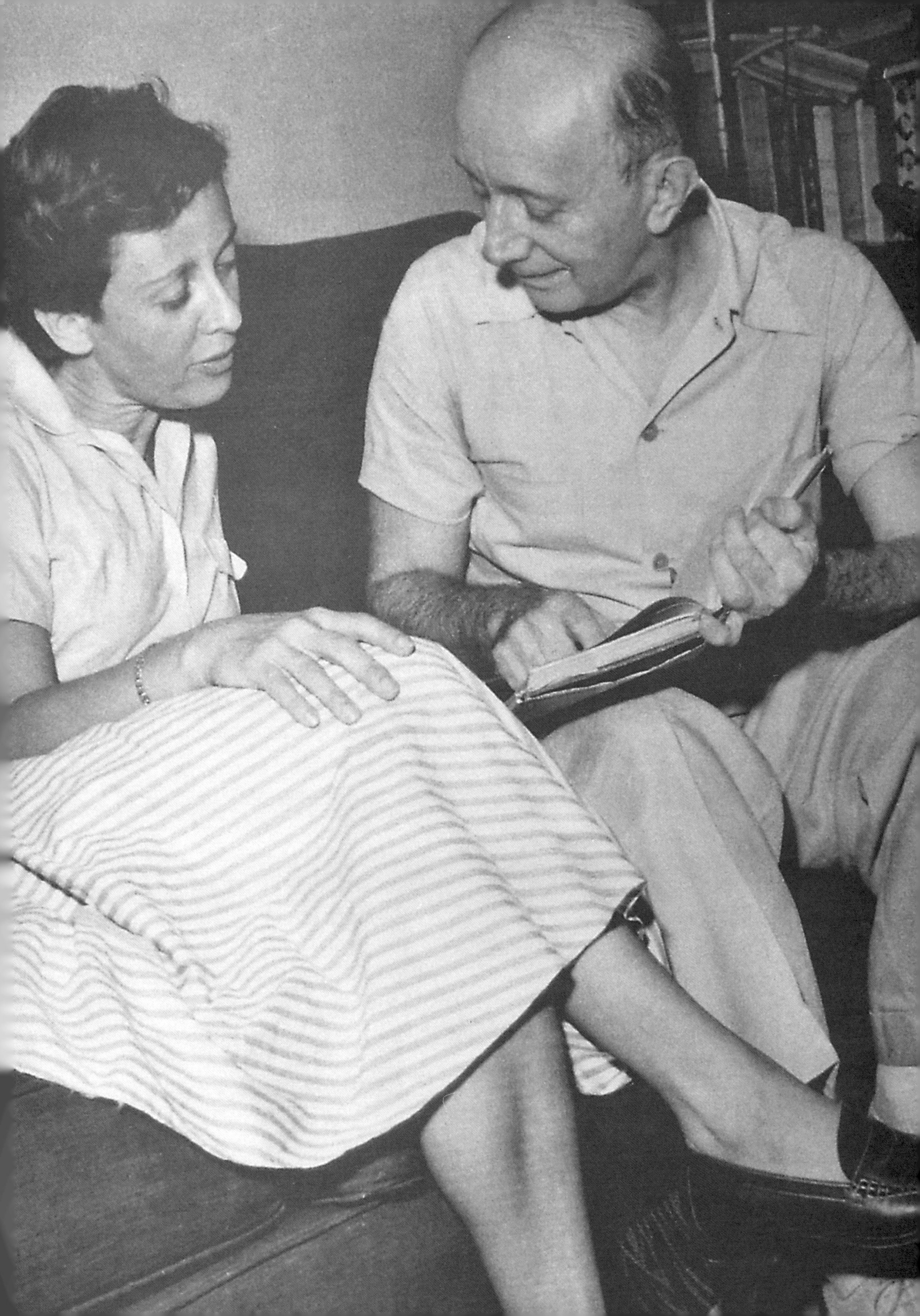

MACHADO, DONO DA CASA MAIS ANIMADA DA VELHA IPANEMA
ANÍBAL POR DRUMMOND

A casa de Aníbal Machado... Sempre que passo por aquela quadra da Rua Visconde de Pirajá, olho para ela. O 487 continua de pé, oito anos depois de morrer seu dono e animador. Daqui a pouco, será demolida. Um edifício qualquer ocupará seu lugar, e um ou outro passante dirá, em frente às prateleiras habitadas: "Era aqui a casa de Aníbal".

Pouco importa não seja mais. Foi, com plenitude, não só a casa de Aníbal, como também a casa de muita gente. Em especial, a casa do domingo à noite, quando o tédio inerente aos domingos ao se despedir, capricha e entedia mais. Então, escritores, artistas plásticos, gente de teatro, moças de *ballet*, vagos criadores de uma obra nunca revelada, tocavam a campainha de Aníbal, ou antes, não tocavam, iam entrando. (...) Assim será Aníbal na limpeza de sua vida, de sua elegância moral e física, na sua graça de diabinho elétrico, de fala às vezes pouco inteligível, tanto nele as palavras galopavam para acompanhar o curso das ideias. Sua casa, das raríssimas no Rio (ou em qualquer parte do Brasil?), onde todo mundo se sentia à vontade, era dessas em que o morador dá fisionomia e humanidade às paredes, aos móveis, a cada objeto que ele recolheu ou manuseou. Não importa, repito, que seja demolida. Viveu o seu tempo, e como. Sua história é um momento intelectual do Rio, e o retrato de um homem.

Carlos Drummond de Andrade

ANÍBAL POR CAMPOS

Todo mundo era amigo de Aníbal Machado; os poetas todos; os anteriores a 22, os integrantes da Semana de Arte Moderna, a geração de 45, os concretistas, os indefinidos, que mal tinham metido o bico para fora da casca; os romancistas todos: regionalistas, subjetivistas, os plásticos todos, figurativistas, abstracionistas, tachistas, escultores, gravadores, desenhistas, arquitetos; os músicos: eruditos e populares, compositores ou executantes: as escolas de samba gostavam de Aníbal e a bossa nova também gostava de Aníbal; católicos e ateus frequentavam o coração de Aníbal; as crianças de todos os tamanhos o adoravam; os mestiços; os pretos, os judeus contavam com a fraternidade cálida de Aníbal; quem fosse perseguido, quem possuísse um defeito físico, moral ou psíquico, quem andasse infeliz, quem tivesse perdido um amor, quem quisesse ir para Paris ou ingressar no teatro, quem precisasse agudamente de dinheiro, quem clamasse por um prefaciador inteligente, quem andasse à cata de um leitor para seus originais, quem tivesse sofrido um acidente, quem pensasse em solidão, quem quisesse curar-se de embriaguez ou deixar de fumar, quem tivesse um problema, quem desejasse um conselho ou mesmo quem desejasse continuar no seu erro (só precisando de paciência, compreensão, bondade), quem chegasse de longe ou partisse: todos procuravam Aníbal. Era um consertador de material humano, e era também um homem que aceitava material humano tal como ele é, precário e torto...

Paulo Mendes Campos

Há um momento de vida, curto talvez,

em que
a maturidad
instalada e a
lucidez intacta
nos fazem refletir
com clareza sobre a importanc
da amizade em nossa existência.

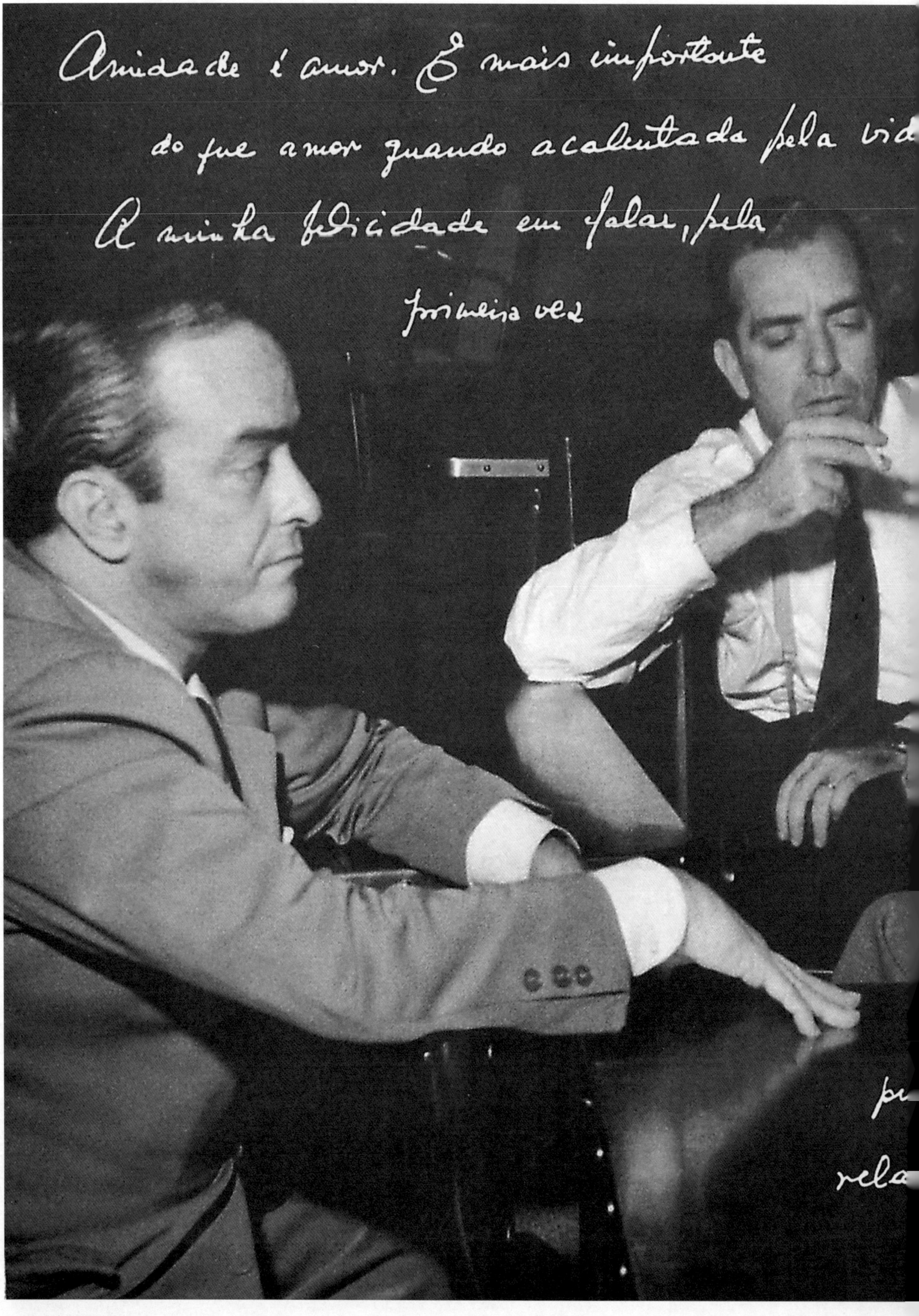
Amizade é amor. É mais importante
do que amor quando acalentada pela vid
A minha felicidade em falar, pela
primeira vez
pu
rela

mente sobre meu
mento pessoal com esta gente
maravilhosa, é imensa.

Acredito que também todos eles ficariam
felizes se pudessem saber que.

os trago assim comigo,
e os apresento
meus "amigos para sempre"

O CINEMA NACIONAL APRESENTA A SUA ETERNA DESCOBERTA: TÔNIA CARRERO

Recebo um telefonema que foi, de repente, como uma pedra num lago – isso para usar uma frase amena e suave tantas vezes repetida! Escrever um artigo sobre Tônia Carrero. Para escrever sobre Tônia Carrero, é evidente que eu tenho que voltar ao passado, àqueles tempos em que tudo começou, em que os personagens agora já meio envolvidos pela lenda, ainda eram de carne e osso, e sonhavam, sonhavam talvez com aquilo que está acontecendo agora. Ora, passado não é das coisas que ocupa maior espaço nos meus pensamentos.

Ora, Tônia Carrero acho que hoje em dia todo mundo conhece, principalmente depois que a televisão a faz penetrar por todas as frestas da vida nacional.

Creio que todos admiram a sua graça, o seu charme, quando ela sai gulosa de beleza por todos os vídeos do país, fazendo sonhar as senhoras que já passaram dos quarenta para quem ela serve de modelo numa demonstração que nem tudo o tempo destrói, e deixando com imensa inveja as moças de menos de vinte, para quem ela é uma certeza que o tempo às vezes também constrói, e traz algumas virtudes que a mocidade só por si não apresenta. E eu tinha que encontrar meu personagem, eu tinha que vê-lo – será que as pessoas sabem o que é passado, quando se vive muito? Foi necessário vasculhar muitas gavetas, deslizar por muitas fotografias amareladas, por muito entulho de vida, para tornar a encontrar a nossa amiga, tal como a queria encontrar.

Lá estava ela, não era bonita, mas, meu Deus, como irradiava vida, e como era bela, nos cabelos, nos olhos. Como era radiante, contundente, agressiva e ao mesmo tempo necessária. Seduzia por impor a sua vontade. Como serão os cometas? Vou como um cometa com um rastro de luz própria, lá estava Mariínha – Maria Antonieta Farias Portocarrero. E, de repente, lembrei-me de tudo.

Antes quero falar do Rio de Janeiro daqueles tempos! Geralmente temos sempre a tendência em dizer – aquilo sim é que eram bons tempos. Mas o Rio naqueles tempos era realmente maravilhoso. Ninguém assaltava ninguém. Podia-se tomar banho de mar no Retiro dos Bandeirantes de madrugada e até fazer amor que ninguém incomodava, ficar conversando nas esquinas a noite inteira e, sobretudo, podia-se sonhar. Eu sonhava em fazer filmes, em revelar manequins – coisa que ninguém sabia bem o que era –, em fotografar as capas da revista *O Cruzeiro*. E todos sonhavam.

O Jorge Amado que já tinha escrito com bastante sucesso tinha me abrigado no seu apartamento na Urca, bem em frente do Cassino e lá vivia também o Carlos Scliar, que pintava em toda a parte, até em experiências aquáticas no chuveiro. Os móveis da sala o Jorge tinha trazido do México e eram duros como o diabo, mas lá se encarapitavam o Santa Rosa, que desenhava cenários, o Érico Veríssimo, quando vinha ao Rio, o Samuel Wainer, e olha quanta gente que sonhava, que nestas páginas não caberiam todos.

Foi aí que Rubem Braga me falou da Mariínha. Nessa época, eu já tinha (acho que já tinha) casado com a Maria Della Costa, que me tinha sido apresentada pelo Justino Martins, no Sul. Agora pretendia fazer um filme tirado de um romance de Ivan Pedro Martins, chamado "Caminhos do Sul". Era um projeto meio louco, e só possível por causa do sonho coletivo em que todos estávamos envolvidos. A história eram duas irmãs, uma a Maria Della Costa, e foi aí que o Rubem me falou de uma moça que ele achava muito bonita, e que gostaria de trabalhar no cinema.

O Rio daquela época era um Rio agitado, envolvente, em que um grande grupo de personagens que adivinhavam que iriam ter grande importância no futuro da vida brasileira iam, pouco a pouco, se aglutinando, dando forma aos seus sonhos solitários e começando a escalada.

O cinema, o jornalismo, o teatro, o *ballet*, até a poesia interessava, tudo eram caminhos a descobrir e a percorrer. A pintura também. Lembro-me que Pancetti vivia em Niterói no alto de um morrinho, uma casinha. Fui lá com Jorge Amado algumas vezes, e Pancetti dando seus quadros, pedia é que lhe deixassem os caixilhos. Eu mesmo, como um Mecenas, num ato de amor, depois, dei dois Pancettis que hoje gostaria de ter em mãos. E assim surgiu também a Mariínha, nos sonhos deste candidato a diretor de cinema.

Não me lembro se ela era o personagem que eu tinha em mente. Mas, se não era, passou a ser, e lá fomos nós para o Sul, uma aventura que para a época não era uma aventura, mas uma temeridade.

Ficamos hospedados na Fazenda Beleza, que pertencia ao Batista Luzardo; nem sei como é que o Caudilho, que nessa época era embaixador em Buenos Aires, entrou na história, mas me lembro que a fazenda, que era bem no meio do campo, lá para os lados de Uruguaiana, na fronteira do Brasil com a Argentina e o Uruguai, foi durante mais de dois meses o cenário do filme. Mariínha já tinha antes aparecido num filme dos Irmãos Ramos (confesso que nunca o vi), mas a escolha da minha futura atriz tinha sido positivamente de orelhada. Nada de testes. Afinal estávamos todos no mesmo barco, e a minha experiência era ter sido assistente de direção em alguns filmes em Portugal, França e aqui no Brasil, e agora pretender voar mais alto.

É uma pena que os negativos, positivos e tudo de "Caminhos do Sul" se tenham perdido no pó e no desmazelo dos tempos, mas aí vai uma foto em que você vê a nossa Mariínha nascendo Tônia Carrero. Veja como ela era linda, era assim mesmo, mas elétrica, voluntariosa, sabendo usar toda a malícia do seu charme (linda a palavra na época) para conseguir o que pretendia.

Foi depois, quando voltamos para o Rio e começamos a dublar "Caminhos do Sul" em um estúdio, que nos obrigava a passar todos os dias pelo cais do porto, que nasceu a ideia de filmar "Quando a noite acaba", que depois os exibidores idiotamente batizaram de "Perdida pela paixão". Aí você já nota a Tônia Carrero se sobrepondo à Mariínha, creio até que nessa época ela não existia mais. Olhando para as fotos, tenho a certeza que o personagem Tônia Carrero tinha completamente se sobreposto a quem lhe tinha dado vida. Veio o Teatro – "Um deus dormiu lá em casa", "Amanhã, se não chover", "Don Juan", novamente o cinema, "Tico-Tico no fubá", "Appassionata" e depois longinquamente, "Copacabana Palace". Mas a Tônia Carrero que tinha nascido da Mariínha aí está. E agora com a eletrônica o mito ganha seu pedestal. Para mim tenho a certeza que iria ser tudo assim, desde a primeira vez que nos encontramos, e nada me faz surpreender.

Fernando Barros

PRF 3 TV
CANAL
3
Televisíon
DIFUSORA

A GRANDE EXPLOSÃO, COISA DE TELEVISÃO

Antes que eu começasse este capítulo sobre *Água viva*, todo ele dedicado a Stela Simpson (Tônia Carrero), eis que Stela Simpson pronunciou meu nome no vídeo e requisitou para seu uso uma velha evidência por mim reposta em circulação. Assim: a solidão é intransferível. A solidão é o mais precioso dos bens. Quem não entende isso, não entende nada.

Stela Simpson era para ser uma grã-fina oca. Acabou patética. Tônia lhe deu, a esse frívolo fantasma colorido, algumas riquezas e dilaceramentos pessoais até aqui ciosamente guardados. Num momento de solidão doentia, prestes a tentar o suicídio, Stela Simpson evocou os seus mortos queridos: "*Onde está Letícia? Onde está Luís Carlos? Onde está Renault?*"

Os amigos de Tônia sabiam: eram os mortos dela, não os de Stela. Naquele instante, ficou claro que o texto do noveleiro não é essencial. Reconheço que há altos momentos de dramaturgia em *Água viva*, longos e admiráveis monólogos escritos por Gilberto Braga. Mas, se a novela fosse apenas as suas peripécias, ficando monólogos e diálogos somente indicados (cabendo aos atores desenvolvê-los em meio improviso), ainda assim o espetáculo sairia interessante. Porque o espetáculo (óbvio!) é audiovisual, lidando com artistas profissionais, que interpretam pessoas fictícias, e o nível de profissionalismo e de talento desse elenco é, para dizer o mínimo, excelente. Cada intérprete vai fundo dentro de si mesmo, arrancando de si as verdades emocionais, que serão transferidas ao personagem. Neste ponto, ninguém pode negar: o padrão de qualidade global é de altíssima qualidade.

Bem, estou perdido. Falemos em Maria Antonieta Farias Portocarrero. Essa mulher conseguiu o impossível no país das misses e dos machões: ser levada a sério, como mulher e como atriz, muito embora sua beleza física fosse mais do que suficiente para lhe dar poder e glória.

Bela de doer, tendo sido aos 30 anos a mulher mais bonita do planeta, conseguiu ser plenamente mãe, esposa e operária. Não é à toa que a efígie das nossas moedas é cópia de Tônia Carrero (reparem!): aquela cabeça clássica, aquele nariz longo e bastante afilado são elementos visuais que valorizam qualquer moeda, sendo aquela cabeça, sem dúvida, a razão de ainda acreditarmos no dinheiro brasileiro... Olhando o perfil de Tônia numa moeda de 10 cruzeiros (valor CR$ 1,00), pensamos: "Até parece um dólar de prata. Até parece um marco alemão. Até parece que Delfim Netto entende de economia e finanças". Quem vê cara, vê coroa. Tônia é ainda mais perfeita do que a efígie desse dinheiro. É, atualmente, a rainha das coroas, a mulher que, aos 50 anos, alcançou um novo esplendor. Nenhum milionário a comprou. Casou-se com um artista, e depois com outro; criou seu filho com desvelos tais, que

ele acabou meio edipiano; mas Tônia (eta nós!) foi resolver isso na psicanálise e, se não estou enganado, Cecil Thiré, o filho, também. Nunca foi miss, nunca foi desvairadamente dondoca, nunca entrou no Copacabana Palace com mucamas e malas, mas sempre pela porta certa: a dos bastidores, e sempre com uma finalidade correta: a de trabalhar arduamente no palco, noite após noite, nos mais diversos teatros, interpretando grã-finas e também cortesãs e prostitutas. É primeira-dama do teatro brasileiro, junto com Fernanda Montenegro, Bibi Ferreira e poucas outras deusas da ribalta. Tudo isso sem precisar: com o corpo que tem, com os olhos que tem, com o charme que tem, com a aura primaveril que não a abandona, a sociedade brasileira teria perfeitamente dispensado Tônia de ter uma alma. Mas ela tem alma, garra e coragem. Ela pega um simulacro de existência, essa marionete de grã-finalha – Stela Simpson – e lhe impõe uma alma decente, um caráter forte no coração da frivolidade. Eis o que Tônia deu a Stela que Gilberto não pretendia: a consciência de ser mortal. Só essas vinhetas de Stela Simpson, pelo aspecto documental (confessional) de que se revestiram, bastam para fazer de Água v*iva* um acontecimento relevante no pequeno mundo do show.

José Carlos de Oliveira

MINHA ADMIRAÇÃO, TÔNIA CARRERO

Muito telão levantou-se nos palcos do Brasil desde aquela vez em que vi Tônia em "Um deus dormiu lá em casa", de Guilherme Figueiredo. Em sua entrevista marcante no "Canal Livre" da Rede Bandeirantes de Televisão, a atriz confessou os tropeços que teve em colocar a voz. A peça de Guilherme data de 49. Trinta anos, bendito Cristo! E o tempo escorre-lhe sobre a pele como chuva em capa de oleado. A representação de Ibsen, Albee, demonstra a dupla garra de Tônia: perseverança na beleza, como desafio a um país que considera "um lixo" toda mulher de mais de quarenta. Mas a TV já é uma outra história; só lhe ofereciam personagens lineares sobre os quais resvalava qualquer esforço maior de criatividade. E depois, o branco e preto de então não fazia justiça ao que nela é tão expressivo: o colorido. De pele, de cabelos, de olhos. Até que chegou a Stela Simpson de "Água viva". O povo não se lastima, nem derrama lágrimas com os males dos ricos. E Stela era milionária, mas a fortuna não a diminui emocionalmente. Stela parece ter fincado raízes fundas na atriz. Em uma de minhas crônicas, ressaltei certo olhar antológico, muito compassivo, muito mendigo, muito puro que lhe apanhara. E indagava: fora uma casualidade? Um encontro feliz da câmera, ou fora trabalhado? Tônia me encontra numa reunião e me diz, quase chorando: "Helena, só você notou! Não foi casual, não! Aquele olhar foi trabalhadíssimo!" Enfim, a artista tornou-se, depois de Stela, em uma espécie de bandeira feminista: para a mulher, a beleza não tem finitude quando é, a um tempo, continente e conteúdo. Falei!

Helena Silveira
Crítica de televisão até os anos 90

COMO CECIL VÊ TÔNICA, A ATRIZ

Tônia Carrero faz 25 anos de teatro. Jubileu de domínio público – todos que se interessam sabem. Para nós, de teatro, isso tem um significado grande, podem crer; é possível! Vinte e cinco anos – uma carreira. É possível!

Nós, que sobre as tábuas do palco suamos nosso dia a dia, temos uma razão a mais para crer e continuar, reforço para nossa vocação. Mas tudo isso é de ordem geral e quero contar um particular.

Tônia, para mim, mamãe, mamãe chamei sem mudança ou alternativa no chamar até muito pouco tempo atrás. Mesmo quando nos deparamos pela primeira vez frente a frente num tablado (*Falando de rosas*, 1969), ela era a mãe e eu, o filho. Eu dizia mamãe no texto e no trato, na cena e fora dela. Dois anos mais tarde, fui diretor desta colega em *Casa de Bonecas*. Ao falar com meu elenco, entre os vários atores esbarrava com uma figura que era mamãe, mas que não era mais. Em 1971, surgiu nas minhas relações (profissionais) uma pessoa que eu chamo de Tônia (acho que fui o último no Brasil a chamá-la assim). De lá para cá, trabalhamos muito: *Casa de Bonecas* viajou pelo país, remontamos *Tiro e queda* no Copacabana, fizemos sucessos, deu pé, enturmamos e viramos sócios. E, da camaradagem sofrida por nós dois nesses trabalhos, surgiu de mim para ela um nome-apelido: *Tunica*. É dessa que quero falar. Como trabalha! Não tem medo de errar. Se lança a interpretar com ferramenta de profissional e despojamento de amadora. Estimula. É imprevisível e inesperada, exclusividade dos bem dotados ou dos grandes artífices da nossa profissão. Ela sabe, não sabe; quer saber, erra tudo. Tumultua. Ela acerta mais. Ela é fogo, uma batata quente em nossas mãos. Resultado: agora, nos ensaios de *Constantina*, ganhou de mim novo apelido, de significado mais próximo do que ela realmente é nos trabalhos a que se dedica. Com a maior sem-cerimônia, estou chamando esta senhora de *Tônica*. Acho que ela realmente é uma. Viva ela!

Cecil Thiré

September 3rd 85

Tonia, dearest,

Porque eu fiquei esse tempo todo
sem mandar essas flores? Não tenho ideia.
Aliás, arrisco uma: Ter te visto, ter sido recebido
por você foi tão absolutamente fantastico que
qualquer lembrancinha como essa é a propria
Trivialização de um grande momento em minha vida.
Mas o que você não sabe: aquela blusa que você me
deu pra evitar que eu tremesse de frio no vento do
inverno, me acompanha todos os dias da minha vida,
no Rio, SP e, breve, em N.Y. Pena, teu cheiro está
indo embora. Há chance de recoloca-lo aqui?
Tonia: te amei e fiquei impressionadissimo com a
sua luz, Tanto, não vou conseguir te dizer isso aqui.
Só espero que um dia eu possa te ver de novo, e.
conversar (não deu naquele dia, né?) — ou em Nova
York, ou de te ver no palco, que coisa brilhante
deve ser. Obrigado por ter gostado de 4 x Beckett,
obrigado pelas tuas palavras no camarim, obrigado
pelo almoço naquele sábado, e muitos milhares
de obrigados pelo casaquinho e teu brilhantismo.
Embarco dia 11, antes disso te ligo porque não vou
resistir de te dar um beijo pessoalmente que, entre muitas
lembranças boas do Brasil, essa vai ser certamente a melhor.

LOVE Gerald Thomas

UMA PALAVRA AMIGA

À mera pronúncia do nome Tônia, eu já estou sorrindo de orelha a orelha, cheio de carinho, como é difícil hoje em dia. Quantas pessoas que você conhece que surtem o mesmo efeito?

Sempre achei uma pena que o clichê que desabou sobre a Tônia logo cedo na vida dela – beleza, juventude, rejuvenescimento, etc. – nunca tenha sido descrito, ou bem descrito, por nenhum amigo ou repórter como tendo um epicentro tão delineado, tão óbvio: curiosidade. Pode ser até preocupante confessar isso, mas nem na minha faixa etária eu deparei com uma pessoa tão curiosa, canibalisticamente curiosa, investigativa e inquieta.

Logo no início dos ensaios de *Quartett*, eu reparei que a imagem às vezes austera que a Tônia projeta se transforma no olhar único de uma criança querendo entender, procurando de todas as formas entender e absorver tudo. Todos os lugares, todas as pessoas, todas as relações. Essa absorção é intensa. Ninguém sai de perto da presença da Tônia impunemente. E de quantas pessoas no mundo você pode dizer isso? Jessy Norman? Maria Callas? Quantas? Quantas pessoas detonam nas nossas cabeças a imagem de um mito no momento em que seus nomes são pronunciados?

Gerald Thomas

OS TEMPOS DE TÔNIA

(Escrito para a estreia da peça "Constantina", no Teatro Copacabana, em comemoração aos 25 anos de teatro de Tônia Carrero)

Luzes, murmúrios, tensão; no teatro cheio, a multidão que era "todo o Rio" daquele tempo; caras conhecidas, sorrisos, acenos; apagam-se as luzes, abrem-se as cortinas. Estamos em 13 de dezembro de 1949, no Teatro Copacabana. Apresenta-se "Um deus dormiu lá em casa", de Guilherme Figueiredo, estreia de Tônia Carrero. Revejo-a, nessa distância de 25 anos, a capitosa Alcmena, tão loura e de olhos tão azuis como na Grécia jamais se viu...

Naquela noite, o teatro brasileiro ganhava uma linda mulher; de uma beleza tão grande e cintilante que ficava difícil ver tudo mais que ali se continha, a saber: uma pessoa. Só alguns anos mais tarde compreendi com que veemência essa pessoa vivia o teatro como parte de sua própria vida. Eu morava no estrangeiro e, chegando ao Rio, vi, ao passar pela Avenida Graça Aranha, que Tônia estava levando uma peça no Teatro Ginástico. Detive-me a olhar o cartaz, e então reparei que naquele dia havia vesperal. Olhei as horas: devia estar terminando. Consegui entrar pela caixa, e fiquei um instante nos bastidores. A peça terminava, Tônia saía do palco, de cabeça baixa. Logo que me viu, disse meu nome, correu para mim e, toda trêmula, se pôs a chorar no meu ombro: "Que bom que você está aqui!" Mais tarde, me explicou: naquela peça (era, parece, "Profundo mar azul"), ela era uma mulher que, no último ato, era humilhada e infeliz. Deixava o palco naquele estado de ânimo e, quando deu de cara com um velho amigo, teve aquela reação nervosa de menina perdida e maltratada que, de repente, avista o pai ou um irmão mais velho.

Tônia me fala encantada das aulas de expressão corporal que está tendo. Empolgada com o que está aprendendo, sente que aquilo lhe faz bem ao corpo e à alma. Esse entusiasmo era admirável em 1947, em Paris, quando ela frequentava um curso de Barrault e Roger Blin. Mas essa empolgação de noviça assanhada é a mesma agora, em 1974, ela me contando seus exercícios com Klaus Viana, enquanto ensaia "Constantina".

Essa capacidade de vibrar e de viver é que faz dela uma artista capaz de absorver nas entranhas as mais obscuras e estranhas emoções de suas personagens. E também para os que têm a felicidade de serem seus amigos, e que somos muitos e muitos milhares, uma pessoa maravilhosa de graça e de força humanas. Uma grande pessoa.

Última Hora
Rio de Janeiro, 21/01/1975
Rubem Braga

ELES E EU

Quantos corações os olhos espantosamente azuis de Tônia Carrero fuzilaram ou feriram mortalmente? Meu primeiro conceito sobre beleza nasceu, aconteceu, no Arpoador. Tônia era a Mariínha – diminutivo de Maria. Desenvolta, jogava frescobol e nos mares outrora azuis do Arpoador – conta a lenda – Tônia fixou para sempre a cor dos seus olhos e fez com eles um pacto de morte com a juventude. Juro que eu era muito menino. Assustado, apenas a espreitava de longe, conduzida pelo fortíssimo Carlos Thiré (figura igualmente maravilhosa).

Uma paixão confessada – hoje excelentes amigos – é a de Rubem Braga. Tônia Carrero mereceu loas e laudas desse homem competentíssimo. Vinicius de Moraes deixaria de disputar tão importante campeonato? Tônia, praiana fundamental, obrigou o poeta a arriscar um calção de banho. Mariínha (fica melhor assim) chegava e acendia o Arpoador, ainda que coberto de nuvens. Corte no tempo. Para o tempo de César Thedim. A chamada fase Cabo Frio. A beleza de Tônia, exposta ao sol, era a mesma. A plástica em Tônia seria, não uma intervenção cirúrgica para descontar promissórias que o tempo cobra. Eu ousaria dizer que a plástica em Mariínha funciona como uma espécie de maquilagem. Creiam, Tônia Carrero continua uma moçoila. Olhar inquisidor, gestos lépidos, uma frescura juvenil. Não a via fazia alguns meses. Estivemos frente a frente, cinco/dez minutos, na porta da Globo. Não me recordo saber o que conversamos. Eu estava paralisado diante de uma pessoa que venceu o tempo. Quando fiz esse comentário, Tônia, desafiadoramente, levantou os grandes óculos escuros e quem estava lá, íntegro, perfeito, total? Seus dois olhos, muito azuis. O azul de sempre. Artisticamente, no auge da sua glória. Diversificando, aceitando o desafio de novelas várias, teatros e até participações em musicais (caso de "Aplauso"), um programa que ela divide a liderança entre tanta gente jovem e bonita! Lá vai a Tônia, na ponta dos pés. Uma das maiores piadas de Miéle têm a Tônia como personagem: "*Todos sabem, ela é mãe de Cecil Thiré, precocemente calvo*". Miéle continua: "*Quando trabalhávamos juntos no programa "Planeta dos Homens", eu me lembro que aconteceria uma reunião em minha casa. Coisa festiva. Convidei alguns colegas do programa e Cecil estava entre eles. Escuta aqui, meu chapa, você está convidado para um jantar regado a whisky*" (eu acho que seria em torno de Anita), disse Miéle. Cecil concordou, imediatamente. Miéle, porém, fez a advertência: "*Mas não esqueça de levar sua mãe*".

Naturalmente, que, mesmo eliminada a carga de humor, muito de verdadeira é essa frase. Não existe papo melhor, gente tão carinhosa, tão atualizada (e lindíssima) quanto a Tônia Carrero. A Mariínha com quem aprendi a conhecer a beleza. Mesmo à distância...

Última Hora – 24/09/1983

Ronaldo Bôscoli

Rembrandt
Rio

affonso romano de sant'anna

Tônia:
não há como agradecer seu carinho
e atenção
no preparo daquele franguinho
além
do bobó de camarão.

E a sobremesa
de sorvete e chocolate
foi um doce arremate
prá tanta delicadeza.

Foi bom rever em sua casa, reunidos,
amigos de hoje e d'antes,
todos falantes, bebericantes,
agora tidos e havidos
como televisivos
sassaricantes.

Sobretudo,
o Paulo Autran,
figura não apenas sábia,
mas amena
a quem a homenagem era oferecida.

Paulo, o real personagem
que contigo contracena
na ficção e na vida.

Ele é o rei,
e você, Mariinha,
-como faz prever a rima,
-é a rainha
de todos nós
e sempre minha.

Se lembra de minha declaração?
Que aos 17 anos te versejei
lá na província
com adolescente tesão?

Agora,
de corpo presente
juro por tudo quanto de sagrado existe:
seu almoço, não só melhorou-me da hepatite,
de repente
fez renascer em mim
a pena do escrivão
a declarar publicamente
minha eterna gratidão.

Affonso Romano de Sant'Anna
31-5-08 - Rio

Rio 22.11.86

FERNANDO SABINO

Querida Marinha,

Acabo de receber e imediatamente comecei a ler com o maior encanto o seu tão esperado livro. Lamentei não estar no Rio para comparecer ao lançamento deste maravilhoso "monstro".

Com um afetuoso abraço amigo e agradecido, do seu maior admirador Fernando

MARIA JULIETA DRUMMOND DE ANDRADE Rio, 25.8.86

Querida Sônia:

Parabéns pelo seu aniversário, pelo desembaraço e boniteza que você mostrou no programa de ontem, na Manchete, e – reiterados – por Quarteto. Parabéns por tudo, aliás.

E o carinho, da

MJulieta.

Mariinha,

Depois do fiasco do artigo prometido e afinal *no tinteiro* (ainda existirá esta expressão?), por motivo independente da minha vontade, fiquei encabulado de ir filar a *boca livre* que lançou o *Vogue* em homenagem – justíssima – a Você. Deve ter-lhe passado despercebida a minha ausência, mas ainda assim, e sobretudo por isto, desculpe-me. O que penso sobre Você não precisa ser escrito – e é cada dia mais *para cima*.

Abraço do amigo e admirador de sempre

Con

Rio, 24. 2. 81.

HOMENAGEM A TÔNIA

Para certos seres, o ato de viver reveste-se dos ingredientes que formam uma lenda de caráter nacional. Querendo isto significar que, para eles, viver é acumular e permitir desempenhos, símbolos, representações que, de algum modo, projetam o que somos e desconhecíamos, identificam o rosto que ignorávamos possuir, revelam a linguagem que nasceu de nós, mas que em nós se escondia envergonhada no sótão.

São essas criaturas legendárias, rompendo estruturas e regras, que explicam nossa história, dizem-nos de nossa brasilidade, asseguram-nos a índole transmissiva da memória. Tônia Carrero é uma lenda brasileira. Uma lenda que se deixou impregnar pela beleza, luta, o talento, o espírito de aventura, o obstinado trabalho, sua severa paixão.

Há vinte e cinco anos, Tônia vem tornando possível (e melhor) o convívio humano, sempre que traduziu, interpretou e convocou realidades através do seu aparato cênico.

Para tornar o palco um campo mágico, semeado de centeio, vida, suor, Tônia Carrero, sempre ao lado de sua perpétua e andarilha raça, se fez mutável, capaz de ser hoje os personagens que a terão abandonado amanhã, transitórios e perdidos, gerando, porém, um mundo que destila invenção, denúncia, emoção, maravilha, a mitologia humana.

O jubileu de Tônia Carrero, que toda a sensibilidade brasileira comemora, não será unicamente a festa de uma estrela que alcançou a glória, o sucesso, enfrentando para isto preconceitos, catalogações fáceis, com secreta coragem. Será especialmente o momento solene de uma esplêndida mulher que elegeu renascer diariamente sobre o palco como seu modo mais exemplar de homenagear a vida.

Rio, 25-11-1974

Nélida Piñon

AGRADECIMENTOS

Ministro Sergio Motta

Danilo de Almeida Lobo

Bianca de Felippes

Ana Cristina Prieto Luna

Anna Bentes Bloch

Carlos Guilherme Werneck

Cecil Thiré

Christina Coiffeur

Claudio Braga

Claudio Pertaglia

Denise Smith

David Gringberg

Eliane Caruso

Fernando Ponce Maranhão

Francisco dos Santos Pires Albuquerque

Gráfica J. Sholna

Humberto Braga

Humberto Brandão Toledo

Ivo Pitanguy

João Teixeira de Almeida Jr.

Jorama Sweig

Laís Pall

Manolo Ms-2001

Maria Clara Machado

Maria Delith Balaban

Mosquito - Funarte

Nilton Travesso

Oscar Felipe Gonçalves

Paulo Autran

Paulo Cesar Quaglia

Pedro Jack Kappeler

Pedro Paulo M. Vilhena Neto

Ramon Coelho

Tina J. P. do Valle

Tina Schirmer

Walter Santos

CRÉDITOS DAS FOTOS DO PROGRAMA

Pg. 87-88 Capa – Tônia no filme "Appassionata" (1952).
Pg. 91 Aníbal Machado.
Pg. 92-93 Tônia na peça "Seis personagens à procura de um autor", de Luigi Pirandello (1959). Fotos: Carlos Studio.
Pg. 95 Tônia e Rubem Braga.
Pg. 96 Tônia Carrero (1948).
Pg. 97 Bilhete de Carlos Drummond de Andrade.
Pg. 99 Carlos Drummond de Andrade.
Pg. 101 Paulo Mendes Campos.
Pg. 102 Bilhete de Tom Jobim.
Pg. 103 Tom Jobim.
Pg. 104-105 Tônia Carrero e Cacilda Becker posando para foto no filme "Tico-tico no fubá" (1951). Foto: Carlos Studio.
Pg. 106 Paulo Autran e Tônia Carrero, estreia em teatro na peça "Um deus dormiu lá em casa" (1949). Foto: Badaró Braga.
Pg. 107 Tônia em "Navalha na carne", de Plínio Marcos (1967). Foto: Thereza Pinheiro.
Pg. 108 Guilherme Figueiredo.
Pg. 111 Tônia Carrero e Nelson Xavier, em "Navalha na carne" (1967). Foto: Thereza Pinheiro.
Pg. 112 Otto Lara Resende.
Pg. 119 Tônia e Dulcina de Moraes, inauguração da companhia Tônia-Celi-Autran (1956).
Pg. 120 Bilhete de Paulo Autran.
Pg. 121 Tônia e Paulo Autran em "D. Juan" (1950).
Pg. 122 Clarice Lispector.
Pg. 127 Maria Clara Machado e seu pai, Aníbal Machado.
Pg. 129 Casa de Aníbal Machado na Rua Visconde de Pirajá, 487, Ipanema (no alto). Maria Clara, Aníbal e Tônia, na casa de Aníbal Machado, em 1948 (embaixo).
Pg. 131 Di Cavalcanti e seu cão Beny.
Pg. 132-133 Tônia Carrero.
Pg. 134-135 Vinicius de Moraes, Nelson Rodrigues e Otto Lara Resende.
Pg. 136 Fernando Sabino e Paulo Mendes Campos (em pé), Rubem Braga e Tônia (sentados), no Juca's Bar.
Pg. 137 Antônio Maria, Ary Barroso e Vinicius de Moraes (em pé) e Paulo Mendes Campos (sentado).

Pg. 138 Tônia Carrero e Orlando Vilar, no filme "Quando a noite acaba", uma produção de Artistas Associados (1948).

Pg. 142 Adolfo Celi, Tônia e Cassiano Gabus Mendes, TV Tupi, SP (1955).

Pg. 144 José Carlos Oliveira.

Pg. 146 Tônia e Maysa na novela "O Cafona", de Bráulio Pedroso, TV Globo (1972).

Pg. 148 Cecil Thiré e Tônia em Ipanema (1965).

Pg. 149 Tônia, aos 8 anos, com seu pai, na Av. Rio Branco.

Pg. 151 Bilhete de Gerald Thomas (1985).

Pg. 152 Tônia, Sergio Britto e Gerald Thomas, em ensaio de "Quartett" (1986).

Pg. 155 Tônia no filme "Tico-Tico no fubá" (1952).

Pg. 156 Tônia na praia (1961).

Pg. 158 Tônia, primeira foto para o cinema, aos 20 anos de idade. Foto: Studio Rembrandt.

Pg. 159 Poema datilografado e assinado de Affonso Romano de Sant'Anna.

Pg. 160 Painéis cômicos pintados: a) Boxe – Tônia e Rubem Braga, Paris (1947), b) Torre Eiffel – Tônia e Cesar Thedim, Paris (1964), c) Pintor – Rubem Braga, d) Bebendo – Carlos Thiré, Tônia e Rubem Braga, Paris (1947). Bilhetes de Fernando Sabino e de Maria Julieta Drummond de Andrade (1986).

Pg. 161 Bilhete de GIN (1981).

Pg. 162 Tônia na peça "Casa de Bonecas", de Ibsen (1971). Foto: Milton Guran.

Pg. 164 Tônia Carrero.

Pg. 166 Carlos Drummond de Andrade, Vinicius de Moraes, Manuel Bandeira, Mario Quintana e Paulo Mendes Campos.

Pg. 167 Manuel Bandeira e Heitor Villa-Lobos.

Créditos: Arquivos Nacional, Arquivo Manchete, Arquivo Funarte, Arquivo pessoal de Tônia Carrero e Arquivo Jornal do Brasil.

TÔNIA CARRERO POR RUY CASTRO[28]

n. 1922. Atriz e símbolo de Ipanema

Em 1951, Tônia Carrero ia filmar *Tico-Tico no fubá* em São Paulo, sob a direção de Adolfo Celi, um dos italianos importados pela Vera Cruz para ensinar os brasileiros a fazer cinema italiano. No começo das filmagens, Celi levou Tônia para ver uma locação num bosque perto de Pirapora (SP). O dia estava quente, havia um lindo rio nas proximidades e Tônia propôs que caíssem n'água. Ele gaguejou que estava sem calção e que ela não trouxera maiô. "Não é preciso", disse Tônia, com naturalidade. "É só tirar a roupa e mergulhar". Celi recusou. Ela insistiu, mas ele ficou firme: sentou-se numa pedra, de meias, sapatos e cachecol, e assistiu impassível àquela deusa se despir na sua frente e se atirar nua no rio.

Tônia Carrero devia ser então – sem patriotada – a mulher mais bonita do mundo. No mínimo, uma das mais bonitas (não esquecer que, com todos os filmes americanos, europeus e mexicanos nas telas brasileiras, era possível aferir isso). Tinha 29 anos e estava em seu apogeu – aliás, num de seus apogeus. Tinha também total consciência de sua beleza. Afinal, ouvia falar dela desde os 14 anos, quando ainda se chamava Maria Antonieta Portocarrero, estudava na Escola Normal e parava o trânsito na Rua Mariz e Barros, na Tijuca. Seu pai, o militar e professor Hermenegildo Portocarrero, sabia que Mariínha, como a chamavam, era uma tentação e procurava prendê-la em casa. Mas, em vão: ela era rebelde, maquiava-se como Joan Crawford ou Jean Harlow e sonhava sei bailarina ou cantora. Além disso, já tinha sido beijada.

O felizardo fora Carlos Thiré, filho do professor de matemática Cecil Thiré, colega do Capitão Hermenegildo no Colégio Militar. O jovem Carlos Thiré era tudo que Mariínha admirava num homem: culto, inteligente, criativo – sabia de música, desenhava, falava línguas, parecia ter lido todos os livros. E, como ela, tinha um fogo insaciável. Os dois pintavam os canecos no jardim da casa de Mariínha, fizeram amor escondido e, em 1940, se casaram (ela, 17 anos; ele, 22). Foram morar na Avenida Vieira Souto, esquina com Henrique Dumont, com o Oceano Atlântico a seus pés. Mariínha teve seu filho Cecil (n. 1943) e, então, a exemplo do Prof. Portocarrero, Thiré tentou trancá-la em casa. E também não conseguiu.

Ela fora aluna do Instituto de Educação Física, onde jogara vôlei, lutara jiu-jítsu, nadara, correra 100 metros com barreiras e fizera ginástica rítmica, que era o mais próximo da dança.

28 Ruy CASTRO. In *Ela é carioca – Uma enciclopédia de Ipanema*. São Paulo: Companhia das Letras, 1999.

Tudo isso a tornara mais bonita ainda. Ia à praia e, ao passar por uma rede de vôlei, loura e queimada de sol, ficava ofendida se os doze rapazes não parassem para olhá-la. O casamento a obrigara a abandonar o esporte, mas, com Thiré, Mariínha juntou-se ao mundo artístico de Ipanema. Ficaram amigos de Rubem Braga (que caiu definitivamente por ela), Tati e Vinicius de Moraes, Orígenes e Elsie Lessa. Passaram a frequentar as domingueiras na casa de Aníbal Machado e, ali, *la toute* Ipanema a descobriu. Um dos primeiros a ficar estatelado foi Paulo Mendes Campos: "Ela iluminava Ipanema, as salas, a praia, as ruas", ele recordou em *Os bares morrem numa quarta-feira.* "Quando Mariínha entrava na sala, só por um denodado esforço de compostura social a gente podia olhar para outra pessoa".

Era um contraste fascinante: Mariínha dardejava seus olhos azuis cheios de admiração e respeito para com aqueles grandes artistas e intelectuais – e eles se reduziam a simples homens abestalhados por sua beleza. Carlos Drummond de Andrade, por exemplo, ficava vermelho e baixava os olhos quando ela o encarava. Mas Di Cavalcanti, ao descobrir que Mariínha sabia de cor todos os sambas, tangos e foxes já compostos, fazia-a cantar para ele. Heitor dos Prazeres ensinava-lhe seus sambas novos e a bossa dos sambistas. Em sua casa, ela punha os vestidinhos próprios, recitava Lorca e Fernando Pessoa, e dançava fado e flamenco para os amigos. Enquanto os dotes artísticos de Mariínha continuassem em família, Thiré não se importava. Mas, em 1947, quando ela aceitou aparecer numa ponta do filme *Querida Suzana*, para o qual ele estava fazendo a cenografia, Thiré quis proibi-la. Mariínha fez a ponta assim mesmo: não dizia uma palavra em cena, mas bastou-lhe aparecer de maiô na tela para abafar. Para não embaraçar os Thiré, fundadores do Colégio Pedro II, adotou um pseudônimo: Tônia Carrero. Thiré zombou: "Tônia Carrero não existe. O artista da casa sou eu".

Era o que ele pensava. Tônia saltou da tela para a capa da revista *Noite Ilustrada*, com a legenda profética: "Nasce uma estrela". Os dois foram passar seis meses estudando em Paris (Thiré, desenho; Tônia, teatro) e, quando voltaram, o mundo abriu-se para Tônia. Fez dois outros filmes, estreou no teatro com *Um deus dormiu lá em casa* (1949), de Guilherme Figueiredo e, em1951, o estúdio paulistano Vera Cruz a chamou para filmar *Tico-Tico no fubá*. Foi então que Adolfo Celi a levou para ver a locação perto de Pirapora e Tônia propôs que eles tomassem banho no rio.

Tônia ainda estava com Thiré, mas o casamento morrera. Ela o admirava muito pelo que ele já atingira: era desenhista de histórias em quadrinhos do *Globo*, cenógrafo de teatro e cinema, publicitário respeitado e logo iria dirigir filmes. Mas era também um dos grandes galinhas da cidade e com uma argumentação perfeita para o século XIX: a de que, como homem, tinha direito àquilo – e que, por ele, Mariínha nunca se afastaria do fogão. Quanto a Celi, também culto e bonitão, estava vivendo com Cacilda Becker, prima-dona do Teatro Brasileiro de Comédia (TBC), a companhia-irmã da Vera Cruz e da qual também era o diretor.

Tônia tirou a roupa e, como não iria mergulhar de sutiã e calcinha para depois molhar o vestido, tirou-os também. Jogou-se no rio, deu longas braçadas na água transparente e estirou sua arrebatadora nudez em outra pedra para secar-se. Celi não arredou pé de sua pedra – no que comprometeu a imagem dos homens italianos. Ela então se vestiu e foram trabalhar. Tônia juraria depois (numa genial entrevista para Simon Khoury) que só queria refrescar-se e não fizera aquilo para seduzir Celi. Mas ele acabou seduzido do mesmo jeito, porque, pouco depois, deixou Cacilda para ir viver com Tônia.

Cacilda sofreu horrores e fez Celi prometer que Tônia Carrero nunca poria os pés no TBC. Acontece que, com filmes como *Tico-Tico no fubá*, *Apassionata* (1952) e *É proibido beijar* (1953), Tônia se tornara a estrela da Vera Cruz. Foi figurinha da bala Fruna, ao lado dos ídolos americanos, cujas figurinhas ela própria ainda colecionava. Sua foto saía nos anúncios do sabonete Eucalol. E, ao mudar-se para São Paulo, não podia sair à rua sem aglomerar uma multidão. Franco Zampari, dono da Vera Cruz e do TBC, não iria perder a chance de levar para o palco sua figurinha da bala Fruna – e, em 1953, escalou-a na comédia *Uma certa cabana*, de André Roussin, com direção de Celi. E então, para desespero de Cacilda, Tônia passou a ser também um dos cartazes do TBC – com salário igual ao da prima-dona.

Suas peças eram as de maior bilheteria da companhia, mas Tônia podia ver que, dentro do próprio TBC, eles não a levavam a sério como atriz. Os grandes papéis dramáticos iam para Cacilda, Cleide Yáconis, Nathalia Timberg, consideradas as divas, as intérpretes. Para Tônia, a "artista de cinema", só restavam as comédias em que sua principal função era mostrar as pernas. E ela sabia que podia fazer mais. Demoraram tanto a dar-lhe um papel mais sério (em *Profundo mar azul*, de Terence Rattigan), que, em 1955, Tônia fez o que ninguém faria com o TBC: pediu as contas. E não apenas saiu, mas arrastou com ela para o Rio nada menos que Celi, Paulo Autran e Margarida Rey.

Três atores e um diretor formavam uma companhia e assim nasceu a Tônia-Celi-Autran. Nos oito anos de existência da companhia, eles fizeram 35 peças, várias memoráveis, como *Entre quatro paredes*, de Sartre, *Negócios de Estado*, de Louis Verneuil, e *Seis personagens à procura de um autor*, de Pirandello. Mas, quando ousavam montar Shakespeare (*Otelo*, *Macbeth*), os críticos se contorciam de rir: não podiam imaginar Tônia como Desdêmona ou Lady Macbeth – e também não iam ver o espetáculo. A exemplo de Maria Della Costa, Tônia arrastará essa maldição durante anos em sua carreira: o estigma da beleza. Apesar de tudo que viviam provando no palco, não era concebível que mulheres tão belas tivessem um entendimento profundo do ser humano e a capacidade de passar isso para seus personagens. Maria Della Costa demorou, mas provou-se como intérprete. Tônia só o conseguiria ainda mais tarde: em 1967, aos 45 anos, com *Navalha na carne*, de Plínio Marcos, dirigida por Fauzi Arap. Mas, se antes lhe faltava aquele entendimento do ser humano, ela agora o tinha de sobra.

Entre outros motivos, porque, em 1961, sofrera o grande baque amoroso de sua vida: ser trocada por uma mulher vinte anos mais jovem. E, ao passar por isso, encarnara (como que esculpido à navalha) o mesmo sofrimento pelo qual fizera Cacilda Becker passar dez anos antes, quando lhe tomara Adolfo Celi.

Tônia roubara Celi de Cacilda por inveja, admiração, paixão por Cacilda (a própria Tônia, muito depois, admitiria isso). Ela queria ser como Cacilda: a grande atriz, a maior de sua geração. Roubar o seu homem era uma forma de comparar-se a ela, talvez derrotá-la. Pelos anos seguintes, Tônia teve de conviver com o ódio que Cacilda lhe passara a ter – um ódio do tamanho da admiração que ela, Tônia, continuava a ter por Cacilda. Mas Tônia era também apaixonada por Celi, que, de romano, além do nariz, tinha 2 mil anos de cultura. Tônia se enrodilhava para ouvi-lo e aprender com ele, como fazia com todos os homens que julgava superiores a ela. Mas com Celi era melhor, porque ele era todo dela. E, de repente, em 1961, deixara de ser. Era agora de Marília Branco, uma atrevida garota de Ipanema – como ela, Tônia, fora no passado.

Marília era da turma do Arpoador, amiga de Ira Etz, Bea Feitler, Marina Colasanti. Tinha 18 anos quando Celi alucinou por ela – Tônia tinha 38. Tônia era mais bonita que Marília e, evidentemente, muito mais mulher, mas Celi estava apaixonado, e contra isso não há argumento. Tônia chegou a propor-lhe seis meses de tolerância conjugal, para que ele se desse conta da besteira que estava fazendo e voltasse para casa. Mas Celi recusou. Saiu do apartamento de Tônia na Rua Nascimento Silva e foi viver com Marília. No frigir dos ovos, ele deve ter concluído que não fizera bom negócio – porque Marília, a menina mais namoradeira do Arpoador, não dispensou nenhum dos ex-namorados ao se casar (aliás, nunca foram exatamente ex). A testa de Celi ganhou uma florida galharia, mas Tônia saiu com uma ferida aberta.

Assim como Cacilda às vezes tinha de dividir o palco do TBC com Tônia, esta teve que ver Celi entrando em seu teatro para ensaiar, de mãos dadas com Marília. Era o fim – e a companhia foi desfeita. Cada qual foi para o seu lado, o que, profissionalmente, acabou sendo bom para todos: Paulo Autran logo estaria brilhando em *My Fair Lady*, com Bibi Ferreira; Celi voltaria para a Europa e se firmaria como um ator internacional em *007 contra a chantagem atômica*; e Tônia faria *Tiro e queda*, de Marcel Achard, com a qual ficaria três anos em cartaz. Para ela, ainda haveria um terceiro casamento (o mais longo, de quinze anos de duração), com o arquiteto, empresário e boêmio, César Thedim.

Em 1967, Tônia arrancou *Navalha na carne* da Censura (estava proibida até para representação entre amigos) e a levou para o Teatro Gláucio Gill. E só então os críticos enxergavam a atriz em quem, antes, só viam o bibelô. Ali, Tônia estava no esplendor de sua maturidade. Era a soma de todas as emoções que vivera no palco e as suas próprias, dos livros que lera, das paixões que despertara ("Ministros, presidentes da República, milionários, políticos e gigolôs, todos eu olhei de cima e joguei para escanteio"), das tentações a que ela não resistira ("Um conhecido escritor, um famoso poeta, um ator encantador, um pintor divino") e das cabeças privilegiadas com quem convivera: "Fui sendo formada pelo tricô que eles fizeram de mim", ela disse a Simon Khoury, referindo-se a Thiré, Mário Pedrosa, Di Cavalcanti, Vinicius, Carlos Leão, Aníbal, Rubem, Paulo Autran, Fauzi Arap e muitos mais, e às mulheres com quem sempre se identificou: Elsie Lessa, Tati de Moraes, Maria Leontina. Desde então, a atriz foi dada de barato. Surpresa mesmo foi quando ela não mais parou de superar-se: da Neuza Suely de *Navalha na carne* para a Nora de *Casa de Bonecas* (1971); desta para a Marquesa de Merteuil em *Quartett* (1986), dirigida por ninguém menos que Gerald Thomas; e o ciclo ainda está longe de fechar-se.

O demônio pensou que levaria vantagem sobre Mariínha, dando-lhe beleza, alegria e juventude em troca de sua alma. Mas Mariínha recebeu esses atributos e entregou-os a Tônia para administrar. Ao fazer as contas, o demônio descobriu que Tônia Carrero lhe passou a perna: não abre mão de sua alma e ainda arrisca levar a vida eterna.

Frases

**Porque tenho cabelo louro, eu vou na frente. *Por que eu vou querer ser anônima? Eu não era anônima nem quando era a Mariínha Portocarrero. *Não sou inteligente. Finjo que sou. *Nunca me aconteceu desejar um homem e não tê-lo. *Como os homens se diminuem ante a beleza de uma mulher! *Nenhum homem me deu tanta satisfação sexual quanto amamentar meu filho. *Não tenho tido tempo para envelhecer. *O sexo depois dos sessenta é ótimo. *Não quero me preparar para a morte. Quero estar sempre viva e ser surpreendida. *Fazer amor, já vi como é. Mas o orgasmo da morte não vi, e isso me interessa.*

Tônia Carrero, Adolfo Celi e Celia Biar
em noite de gala, nos anos 50

Tônia Carrero e Paulo Autran
em "Um deus dormiu lá em casa" (1949)

Tônia Carrero em "Olho mecânico", premiada em 1960, pelo concurso de dramaturgia da Companhia Tônia-Celi-Autran

Tônia Carrero, Paulo Autran e Armando Couto em "Amanhã, se não chover" (1950)

Tônia Carrero e Paulo Autran
em "Helena fechou a porta" (1950)

Tônia Carrero e Paulo Autran em "Otelo", primeira peça montada pela Companhia Tônia-Celi-Autran (1956)

Tônia Carrero, Paulo Autran e Renée Bel, em remontagem de "Seis personagens à procura de um autor", de Pirandello (1959)

Tônia Carrero e Paulo Autran,
em "Castelo na Suécia" (1961)

Tônia Carrero e Benedito Corsi,
em "A Dama do Maxim's" (1965)

Tônia Carrero e Mario Sergio,
no filme "É proibido beijar" (1954)

Tônia Carrero e Raul Cortez,
no filme "Tempo de violência" (1969)

Tônia Carrero no programa "Teu nome é mulher",
maquiada por Eric Rzepecki, na TV Globo

Tônia Carrero e Paulo Autran
em "Uma mulher do outro mundo" (1954)

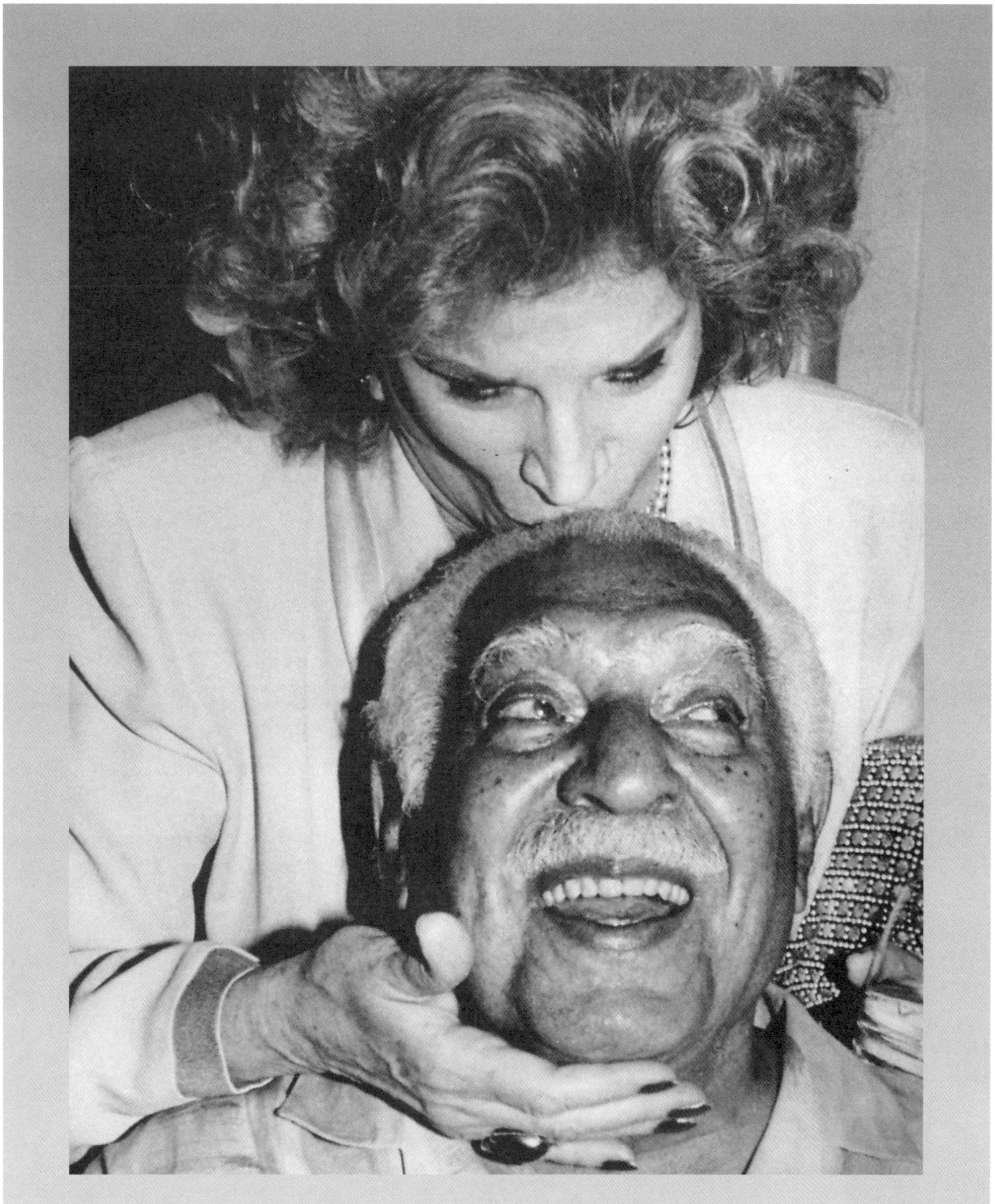

Tônia Carrero e Dorival Caymmi

Tônia Carrero e Sergio Cardoso
na novela "Pigmalião 70", TV Globo (1970)

Tônia Carrero e Paulo Autran,
em "A Dama do Maxim's" (1965)

Tônia Carrero e Cecil Thiré,
em "A Divina Sarah" (1984/1985)

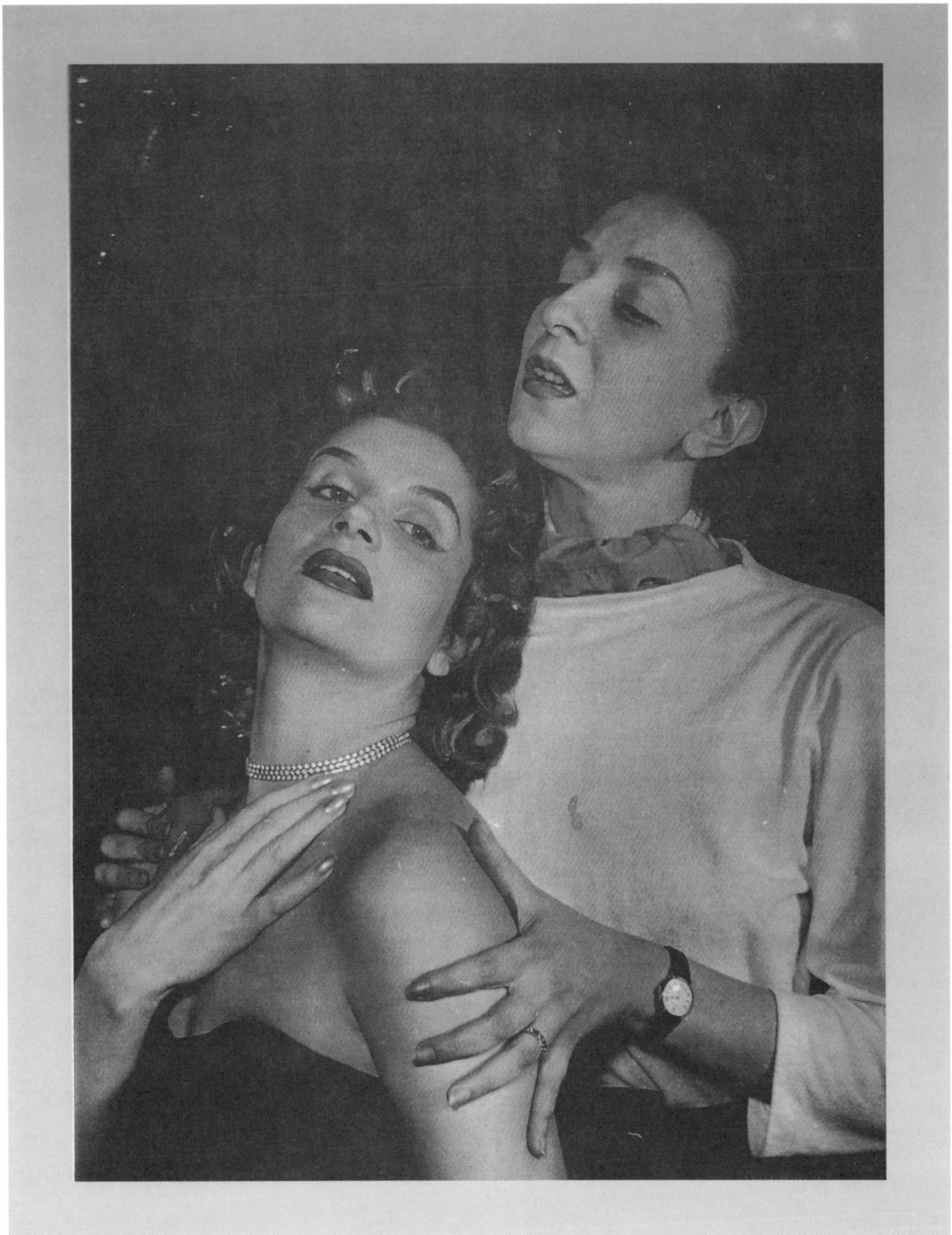

Tônia Carrero e Margarida Rey,
em "Entre quatro paredes" (1956)

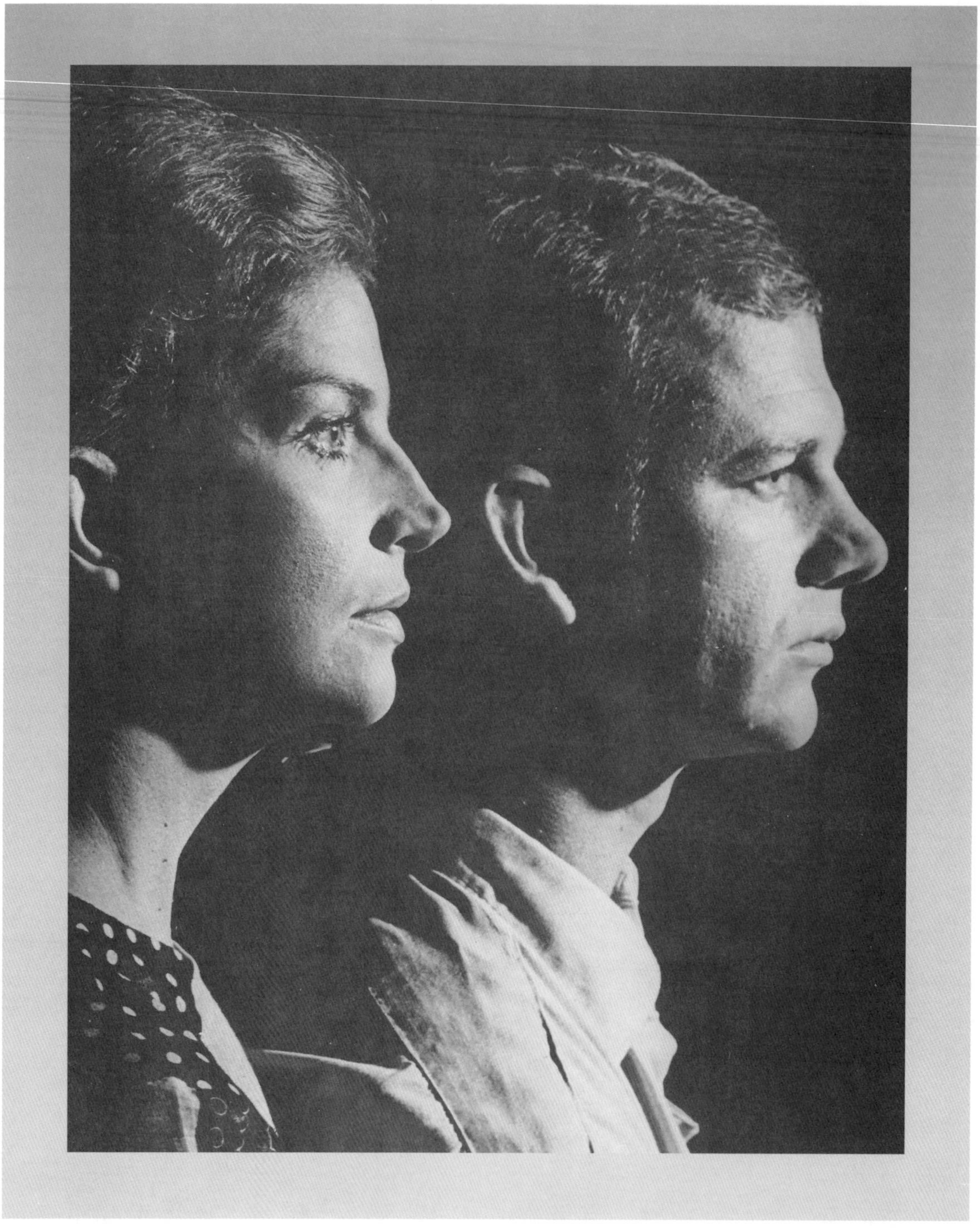

Tônia Carrero e Cecil Thiré,
em "Falando de rosas" (1969)

Tônia Carrero e Walmor Chagas,
em "Um equilíbrio delicado" (1999), ambos comemorando 50 anos de teatro

Tônia Carrero e Sergio Britto em "Quartett" (1986)

Tônia Carrero e Francisco Cuoco,
na novela "Sangue do meu sangue", TV Excelsior (1969)

Tônia Carrero e Adolpho Bloch, na época da novela "Kananga do Japão", na TV Manchete (1989)

Tônia Carrero em
"Esta valsa é minha" (1989)

Fernanda Montenegro, José Lewgoy,
Tônia Carrero e Fernando Torres

Tônia Carrero, Bibi Ferreira
e Nathália Timberg

RELEASE

Marra Comunicação

Amigos para sempre

Em "Amigos para sempre", a atriz Tônia Carrero retrata sua intimidade e fala de amizades e romances vividos ao longo de sua carreira, com personalidades como Paulo Autran e Tom Jobim. O roteiro foi escrito por ela mesma em parceria com Luís Artur Nunes, responsável também pela direção da peça. Tim Rescala foi responsável pelas músicas, Maneco Quinderé pela iluminação, Gringo Cardia pela programação visual, Luís Artur Nunes pelo cenário e Leda Bastos pelo figurino. O espetáculo estreou em 1996 e esteve em cartaz na Casa de Cultura Laura Alvim, em Ipanema, Rio de Janeiro. Em São Paulo, esteve em cartaz no Teatro Renaissance ao longo de 1997.

https://marracomunica.com.br/galeria-marra/a-dama-do-cerrado/amigos-para-sempre/

TÔNIA CARRERO MOSTRA INTIMIDADE

Atriz fala sobre romances em monólogo

São Paulo, sábado, 9 de novembro de 1996
Freelance para a *Folha Ilustrada*

Aos 46 anos de carreira e 74 de idade, a atriz Tônia Carrero resolveu mostrar sua intimidade no palco. Em “Amigos para sempre”, ela fala de amizades e romances, entre eles, o que viveu com o ator Paulo Autran.

Na peça, dirigida por Luís Artur Nunes, em cartaz no Teatro Laura Alvim (Ipanema, Zona Sul do Rio), Tônia Carrero faz revelações polêmicas sobre escritores, artistas e intelectuais. “Na peça conto casos sobre Tom Jobim, Rubem Braga, Nelson Rodrigues e Ary Barroso, entre outras personalidades com quem convivi”, diz Tônia.

Ela recorda que, aos 22 anos, foi apresentada a Drummond de Andrade, mas ele virou a cara. Anos depois, num reencontro, Tônia perguntou se ele não gostava dela. Drummond teria respondido: “Você acha que é fácil encarar uma mulher tão bonita como você? Fiquei foi com medo, ‘uai’”.

Peça: “Amigos para sempre”
Onde: Teatro Laura Alvim (Av. Vieira Souto, 176, Ipanema)
Quando: qui, às 17h e 21h, sex e sáb, às 21h, e dom, às 20h
Quanto: R$ 15 (qui), R$ 20 (sex e dom) e R$ 30 (sáb)

https://www1.folha.uol.com.br/fsp/1996/11/09/ilustrada/7.html

TÔNIA CARRERO INICIA TEMPORADA COM O MONÓLOGO "AMIGOS PARA SEMPRE" EM SP

São Paulo, 13 (AE) – Até mesmo os grandes admiradores da atriz Tônia Carrero – daqueles que acompanharam seus cinquenta anos de carreira no teatro, cinema e televisão – podem ficar agradavelmente surpresos com o monólogo "Amigos para sempre", que estreia amanhã (14) no Teatro Renaissance. Sob direção de Luís Artur Nunes, quem conversa com o público, na maior parte do tempo, não é a premiada atriz, porém uma simpática Mariínha.

Era assim que os poetas Carlos Drummond de Andrade e Vinicius de Moraes, o maestro Tom Jobim, o músico Ronaldo Bôscoli e o cronista Rubem Braga, entre muitos outros intelectuais, chamavam a deslumbrante garota que jogava frescobol na Praia de Ipanema na década de 50. Há seis anos, Tônia Carrero decidiu realizar um espetáculo que fosse uma espécie de autobiografia. "Como sou uma atriz, achei que no lugar de publicar minhas memórias, deveria levá-las ao palco", afirmou Tônia.

Convidou o diretor gaúcho, para quem gravou vários depoimentos, costurados por ele num roteiro. Foi então que se deu conta de ter partilhado da amizade de alguns dos mais respeitados intelectuais brasileiros e decidiu dividir essa experiência com o público. "Há um momento muito especial na vida da gente, no qual já atingimos a maturidade e ainda temos a nossa lucidez preservada", comenta Tônia. "Nesse momento, percebi com clareza a importância das amizades em minha vida".

A maioria desses amigos Tônia conheceu na Rua Visconde de Pirajá, 487, em Ipanema, endereço do escritor Aníbal Machado, pai da autora de "Pluft, o Fantasminha", Maria Clara Machado, ponto de encontro de intelectuais. "Hoje não existe mais uma casa assim, parada obrigatória até para os intelectuais estrangeiros de passagem pelo País", lembra Tônia.

São muitas as histórias que ela conta sobre amigos tão especiais, muitos dos quais sucumbiram de amor diante da deslumbrante beleza da atriz, como Rubem Braga. Em cena, Tônia fala sobre essa paixão alimentada pelo cronista desde os tempos em que ela ainda era casada com Carlos Thiré. Mais tarde, ambos viveram um caso de amor, uma das boas histórias narradas no espetáculo. "Durou pouco mais de um ano; embora muito apaixonado, ele não queria casar ou ter filhos", relata Tônia.

"*Quando Mariínha irrompia na sala, na rua, na praia, ninguém podia olhar para o outro lado, como acontece na penumbra quando se liga a televisão; era de uma beleza formal, inconsútil sem pespontos*", escreveu Paulo Mendes Campos no programa da peça, um volume que vale adquirir e guardar "para sempre", tal a qualidade dos textos criados especialmente para a atriz por seus "amigos".

(B.N.) Serviços – "Amigos para sempre". Roteiro de Tônia Carrero e Luís Artur Nunes. Direção de Luís Artur Nunes. Duração: 1h10. Sexta e sábado, às 21 horas; domingo, às 18 horas. R$ 30,00. Teatro Renaissance. Alameda Santos, 2.233, tel. 3069-2233. Até 6/2.

Folha de Londrina, o Jornal do Paraná – 13 de janeiro de 2000
https://www.folhadelondrina.com.br/folha-2/Tônia-carrero-inicia-temporada-com-o-monologo-amigos-para-sempre-em-sp-248013.html

AMIGOS PARA SEMPRE

São Paulo, Quinta-feira, 13 de janeiro de 2000
Freelance para a *Folha*

O espetáculo "Amigos para sempre" é um passeio pela memória afetiva de Tônia Carrero. Ela conviveu com grandes personalidades da cultura nacional. O ponto de encontro era a casa do escritor Aníbal Machado, no Rio – "o primeiro anfitrião de Ipanema", como diz Ruy Castro.

A atriz lembra, por exemplo, do primeiro contato com o poeta Carlos Drummond de Andrade, aos 21 anos, que lhe desviava os olhos, tímido, diante da sua beleza exuberante. Também confessa que correspondeu à paixão do cronista Rubem Braga.

Em entrevista à *Folha*, por telefone, de sua casa no Rio, Tônia deu o seguinte depoimento sobre alguns dos "amigos íntimos" presentes no roteiro. (VS)

CARLOS DRUMMOND DE ANDRADE –
"Uma vez eu disse para ele: "Poeta, o que há? Eu te adoro tanto. Você não gosta de mim?" Ele respondeu: "Você pensa que para mim é fácil encarar uma moça linda como você?" Ele era muito tímido. Em outra ocasião, fui convidá-lo para traduzir o "Otelo", de Shakespeare, e ele nem olhou para o meu rosto, recomendou outro. Ele não podia imaginar a convivência comigo".

ANÍBAL MACHADO –
"Ele não exerceu muito a profissão, o ofício de escrever, porque acabou exercendo mais o ofício de ser amigo. Foi na casa dele que conheci todo mundo que valia a pena conhecer".

MANUEL BANDEIRA –
"Foi o homem que ficou tuberculoso, porque achava que aquelas "mulheres da vida" mostravam a ele muito mais sobre a vida do que as grã-finas. Ele mergulhou nos prazeres da carne, foi para sanatório, mas morreu lá pelos 80 anos, depois de enterrar quase toda a família".

NELSON RODRIGUES –
"Teve fama de machista, mas foi um sujeito que denunciou como as mulheres eram infelizes com os homens, como eram oprimidas, espoliadas, maltratadas. Ele era um humanista, nunca um machista. Claro, era também um frasista inveterado. Dizia, por exemplo: "Toda mulher deve se casar, o homem, não". Ou: "A mulher carioca é mais frustrada do que uma cotia do Campo de Santana".

VINICIUS DE MORAES –
"Ele se define muito bem nos seguintes versos: "De manhã escureço/ De dia tardo/ De tarde anoiteço/ De noite ardo".

CLARICE LISPECTOR –
"Eu prefiro me ater a Clarice mãe, que foi tão poderosa. Relatando suas histórias para os filhos, ela dizia não saber onde eles buscavam inspiração para as coisas da vida. Era nela mesma".

RUBEM BRAGA –
"Houve uma paixão dele por mim. Foi correspondida durante muito tempo, mas eu era casada. Depois me encantei pelo Celi (Adolfo Celi, diretor italiano) e tudo acabou. Mas a amizade durou até a hora da morte dele. No último dia de vida, eu estive lá, não podia sair de perto dele. Até hoje me custa ficar longe dele".

https://www1.folha.uol.com.br/fsp/ilustrad/fq1301200021.htm

TÔNIA CARRERO APRESENTA "AMIGOS PARA SEMPRE" EM DOURADOS

31 outubro 2004 – 09h32

Consagrada como uma das maiores atrizes brasileira, Tônia Carrero encerra, nesta noite, o Primeiro Festival Internacional de Monólogo, em Dourados, com a peça "Amigos para sempre". A apresentação vai acontecer no Teatro Municipal do Parque dos Ipês. Aos 80 anos e 54 de carreira, a atriz Tônia Carrero continua fazendo o que mais gosta na vida: atuar. Com sua aura de eterna diva e vivendo um momento especialmente feliz na profissão e na família, vem a Dourados com o espetáculo solo "Amigos para sempre", com direção de Luís Artur Nunes.

Integrante do repertório da atriz há oito anos, a peça nasceu por sugestão de um grande amigo. Paulo Autran deu a ideia ("Por que você não faz algo assim como 'Quadrante?'", palpitou, referindo-se ao formato do espetáculo solo que ele próprio apresenta com sucesso há mais de dez anos) e Tônia convidou Luís Artur Nunes para fazer a montagem. O diretor, então, registrou em várias fitas de áudio os depoimentos da atriz sobre as figuras exemplares com quem teve a felicidade de conviver. Em "Amigos para sempre", Tônia fala de sua própria vida e carreira, por intermédio das lembranças de seus grandes amigos.

Remexendo em seu baú, elaborou junto com Luís Artur Nunes um roteiro mesclando trechos de obras de Carlos Drummond de Andrade, Rubem Braga, Clarice Lispector, alguns de seus ilustres amigos, com as memórias, os "causos" que evocam os amigos com carinho e calor. "Improviso o texto na hora", conta a ela, a voz firme e decidida. "Falo o tempo todo, conto histórias, intercaladas com poesia e prosa de autoria desses amigos que me influenciaram muito na minha vida. Amigos que conheci antes de ser atriz", diz. "Conto como os conheci e como foi minha relação com eles, que me ajudaram a construir minha persona", afirma, informando que a amizade com eles foi decisiva para a sua carreira de atriz, iniciada aos 26 anos.

A convivência com Tom Jobim e Vinicius de Moraes também influenciou sua escolha pela carreira artística. No palco, Tônia recorda que foi nas domingueiras na casa de Aníbal Machado (pai de Maria Clara Machado) que conheceu gente como Paulo Mendes Campos e Fernando Sabino, por exemplo. Para Tônia, remontá-la é uma oportunidade de não se afastar de seu público por muito tempo. "Se a televisão não está me chamando, preciso estar em contato com minha profissão, meu público, e também fazer um dinheirinho", brinca.

http://www.douradosnews.com.br/dourados/Tônia-carreiro-apresenta-amigos-para-sempre--em-dourados-aab586d212e383/217379/

"VOU ME JOGAR NO MAR": A HISTÓRIA DE AMOR E OBSESSÃO DE TÔNIA CARRERO E RUBEM BRAGA

Publicado por *Diário do Centro do Mundo*
4 de março de 2018

A revista Bula contou a história do famoso caso entre Tônia Carrero, falecida aos 95 anos no Rio, e Rubem Braga, o maior cronista brasileiro.

Na biografia, "Rubem Braga – Um cigano fazendeiro do ar", o jornalista Marco Antônio de Carvalho revela a extraordinária história da paixão desmedida de Rubem Braga pela atriz Tônia Carrero, que morreu no sábado, 3 de março.

Por Euler de França Belém
Em Livros

Em 1947, enviado a Paris como correspondente de *O Globo*, Rubem, com a mulher, Zora, e os amigos Carlos Reverbel e a mulher deste, Olga, mora no apartamento onde morreu Marcel Proust.

Em Paris, encontra-se com Tônia Carrero, que ainda não tinha fama alguma e era casada com o desenhista Carlos Thiré. Este "não a levava a sério como atriz". Rubem avaliava que "o maior talento da amiga, era, antes de tudo, estético: a beleza".

Mariínha, como Tônia era conhecida, cantava fados tropicais e, sobretudo, encantava a plateia de amigos, como Aníbal Machado, Rubem e Vinicius de Moraes.

Nos passeios pelas ruas de Paris, Rubem elogiava a beleza de Tônia, fazia graça – "tenho muita amizade pelo seu joelho esquerdo" – e, aos poucos, ia conquistando a futura atriz. O marido implicou e disse que não queria ela saísse mais com o jornalista e escritor. Tônia chorou "copiosamente". Irritado, Thiré perguntou: "Ele é tão importante assim?"

Conta Marco Carvalho: "Solitária, triste, sem ter o que fazer em Paris, Mariínha [ou Maricota, como a chamava Rubem] passou a sair ainda mais com Braga, este sempre atento a um novo corte de cabelo, uma nova fivela, uma cor rosada na face. E, certa vez, subindo as escadas de Saint-Germain, descobriu que não queria mais permanecer casada". Mulher tem mais olho para o detalhe do que homem. Rubem tinha um olhar feminino, digamos, mas, com segundas intenções.

Decidida a abandonar Thiré, Tônia passou a se encontrar com Rubem "num hotelzinho, em um velho casarão discreto. (...) Um dia, a *concierge* chamou-o num canto: 'Não perca nunca essa mulher. Ela é bonita demais'".

Como Rubem era mulherengo e casado, Tônia decidiu romper: "Acho que nosso caso tem que acabar". O escritor ameaçou matar-se sob as rodas dos automóveis de Paris. Optou por segui-la, acompanhando-a no navio de volta ao Brasil. Insistiu no reatamento, mas Tônia jogou duro. "Vou me jogar no mar!", gritou Rubem.

No Rio de Janeiro, Rubem não saía do pé de Tônia. "Ele era um maria-vai-com-as--outras: queria companhia de mulher bonita, mas não era de casar com nenhuma. Como Vinicius, vivia apaixonado, mas, ao contrário deste, não gostava de se casar e de conviver. Se Rubem quisesse, eu me casaria com ele. Mas ele nunca quis", garante Tônia. O biógrafo, elegante, não chama Rubem de idiota.

O escritor certamente tinha medo de ganhar chifres do segundo mais belo animal do mundo – o primeiro, segundo Jean Cocteau, era Ava Gardner. Rubem adorava cantar as mulheres dos amigos. Estranhamente, Tônia ressalva: "O grande amor de Rubem foi Bluma Wainer". Rubem teve um caso com Bluma, pondo chifres no jornalista e empresário Samuel Wainer, seu amigo e, depois, inimigo, mas, quando a garota engravidou, o cronista fugiu para o Rio Grande do Sul.

Tônia rompeu a promessa de que não reataria com Rubem. Voltaram a se encontrar numa *garçonnière* no Leblon, do jornalista e crítico literário Franklin de Oliveira. "Ali se encontraram algumas vezes, sem que ela se sentisse plena, segura e feliz com o caso que se reiniciava. Tanto que propôs a Rubem que parassem de se encontrar, que voltassem a ser os amigos de sempre. Ele não aceitou: 'Venha mais uma vez. Só mais uma vez'. E Tônia, novamente, cedeu. O milagre, então, aconteceu e, dessa vez, ela voltou para casa sabendo que aquele amor, ou fosse lá o nome que fosse, era sério e que estava enredada". Mas, logo depois, caiu fora. Apaixonado, Rubem produziu seu "Soneto":

E quando nós saímos era a Lua,
era o vento caído e o mar sereno,
azul e cinza azul anoitecendo
a tarde ruiva das amendoeiras.

E respiramos, livres das ardências
do sol, que nos levara à sombra cauta,
tangidos pelo canto das cigarras
dentro e fora de nós exasperadas.

Andamos em silencio pela praia.
nos corpos leves e levados ia
o sentimento do prazer cumprido.

Se magoa me ficou na despedida,
não fez mal que ficasse, nem doesse:
era bem doce, perto das antigas

"Tônia", diz Marco Carvalho, "não sabia bem o que fazer com aquele sentimento. Sabia apenas que não queria se tornar amante de um homem casado, por quem sentia amizade, carinho, adoração. E, pouco depois e, mais uma vez, se despediu".

Mesmo casado, Rubem "exercia uma marcação individual e por zona, e exigia que os amigos avisassem assim que vissem Tônia solta ou assediada em algum bar ou restaurante: 'Era como um cão de guarda, possessivo e ciumento'".

Um dia, Tônia encantou-se pelo pintor platino-baiano Carybé e levou-o para sua casa. "Mas Tônia mal chegou a mostrar duas ou três belezas, enquanto bebericavam alguma coisa, quando ouviram batidas insistentes e nervosas na porta. Era Rubem. Silencioso e transtornado, ele nada disse. Carybé, por seu lado, levantou-se, despediu-se da mulher e saiu com o amigo, pedindo muitas desculpas – a ele. Um gesto inusitado: Carybé era temido pelos amigos por não respeitar a namorada de ninguém".

Certa vez, Rubem ligou para Tônia e ameaçou: "Abra a porta, senão eu vou me jogar no mar!" Não deu resultado. Então, o cronista foi para a porta do edifício e ficou andando na calçada, "caminhando para lá e para cá, bem visível, até que ela o recebesse".

A bela Tônia "abriu a porta. Rubem, trêmulo, desabou no choro, ela o acalmou: 'Você está achando que eu nunca mais vou dar pra você?" Conversaram um pouco, foram para a cama e, no dia seguinte, ela confirmou: 'Tá chato, Rubem. Não é mais a mesma coisa. Você tem que procurar outra mulher. Não quero ficar me encontrando assim, de vez em quando'".

Decidida, Tônia não quis mais sair com Rubem. "E Rubem diria, durante anos, que, no momento da separação, as mulheres são muito mais cruéis que os homens".

Mesmo admitindo que não teria mais Tônia em seus braços, Rubem continuou ciumento. "O tempo fez com que Rubem aceitasse a separação, mas seu sentimento de posse nunca desapareceu por completo: quase duas décadas depois, no *Antonio's*, Tônia e Rubem conversavam calmamente – até que Paulo Pinho, casado com a atriz Djenane Machado, entrou e se dirigiu à mesa dos dois para dar um beijo na madrinha do seu casamento. Cumprimentou

Rubem, sentou-se – e, a partir de então, este emudeceu, pediu sua conta e retirou-se, sem se despedir. E, mais tarde, quando revia Pinho, fingia que não o reconhecia".

Marco Carvalho conclui: "O fato é que Rubem, desde que conheceu Tônia Carrero e se envolveu com ela, nunca aceitou o fato de que a atriz não fosse sua mulher – ainda que, dubiamente, jamais propusesse a casar".

A versão de Tônia: "Uma vez, nos anos 1960, ele me levou ao aeroporto e me mostrou uma crônica linda, dizendo que tinha sido escrita para mim. Eu nunca acreditei: 'Que nada, Rubem! Você escreve crônicas para todas as mulheres bonitas que encontra! Para mim, para Lila Bôscoli, para Helena Sabino. Você adora mulher de amigo!' Ele concordou: 'E eu vou me encantar com mulher de inimigo? Mulher de inimigo eu nem posso ver!'"

https://www.diariodocentrodomundo.com.br/vou-me-jogar-no-mar-a-historia-de-amor-e--obsessao-de-Tônia-carrero-e-rubem-braga/
https://www.revistabula.com/14127-obcecado-por-Tônia-carrero-rubem-braga-ameacou--se-jogar-no-mar/

TÔNIA CARRERO, UMA MULHER INCOMUM

A atriz deixa como legado uma biografia riquíssima e muitas histórias vividas em 95 anos

Jornal online Terceira Via
BLOG DOS JORNALISTAS
Por Ocinei Trindade
5 de março de 2018 – 18h32

Nesta segunda-feira (5), o corpo da atriz Tônia Carrero foi cremado no Rio de Janeiro. Não sei onde as cinzas serão jogadas, mas o mar de Copacabana, na Cidade Maravilhosa, combinaria com a beleza sublime da diva de olhos verdes, dama dos palcos, das telas de cinema e televisão brasileiros. Uma vida longa com 95 anos, uma carreira vitoriosa de sete décadas, a grande estrela se despediu da vida no sábado quando o coração parou de bater.

Tônia Carrero deixou um legado e muitas histórias. Em uma delas, eu pude participar rapidamente. Foi quando a atriz se apresentou em Campos, no fim do século passado, em 1999, durante reinauguração do Teatro de Bolso.

Era uma noite chuvosa quando o Teatro de Bolso foi reaberto ao público depois de uma outra reforma. A peça "Amigos para sempre" era um monólogo em que Tônia Carrero narrava experiências pessoais vividas com figuras ilustres das artes, dramaturgia e literatura brasileiras, como Carlos Drummond de Andrade, Rubem Braga, Tom Jobim, Nelson Rodrigues, Paulo Autran, Nelson Xavier, Ary Barroso, entre outros.

Foi um acontecimento ter Tônia Carrero no palco do pequeno teatro campista, mas pouca gente apareceu. Uma lástima que a atriz não se importou de desabafar ao perguntar: "Onde estão as pessoas de Campos que não vieram me ver? Teatro vazio é uma tristeza", lamentou.

Talvez, as novas gerações não saibam da importância de atores veteranos como Tônia Carrero, e o que eles significam para a cultura e a história do país. São pioneiros operários na difícil arte de interpretar e de promover arte e cultura. Ao levarem conhecimento e educação por meio do entretenimento e da dramaturgia, contribuem para o enriquecimento do pensamento e para o desenvolvimento intelectual. Entretanto, este tipo de interesse e de preocupação está cada vez menor. Seja por grande parte da classe política, seja por grande parte da sociedade, cada vez mais desigual e carente de tantas coisas como saúde, educação e segurança. Por meio da ficção, Tônia Carrero fez denúncias sobre injustiças e dramas humanos. Fora da ribalta, ela e muitos artistas de sua geração lutaram contra a ditadura militar, a censura e as desigualdades país afora.

Ao final daquele espetáculo em Campos, Tônia Carrero conversou com a plateia. Respondeu a todas as perguntas que quisessem fazer a ela. Tímidos, muitos se calaram. Lembro de ela se queixar de as emissoras não a chamarem para fazer televisão, pois ela adorava atuar em telenovelas, veículo que a projetou para todo o país. "Infelizmente, a maioria da população não tem tanto acesso ao teatro, seja pela falta de dinheiro, seja pelo desinteresse. A televisão é democrática e leva o nosso trabalho a todos de modo igual", pensava.

Sua última personagem na TV Globo foi uma pequena participação em "Senhora do destino", de Aguinaldo Silva, quando contracenou com Adriana Esteves e Renata Sorrah, intérprete da célebre vilã Nazaré Tedesco. Sua última peça foi "Um barco para o sonho", em 2007, dirigida pelo neto Carlos Thiré. Já no cinema, se despediu em 2008, em "Chega de saudade", de Laís Bodansky.

Minha experiência com Tônia Carrero foi rápida, mas marcante para mim. Ao fim de sua apresentação, levei o programa da peça "Amigos para sempre" para ela autografar. Lembro de ela receber o público sentada no palco e de nós nos curvarmos para cumprimentá-la. Sentado aos seus pés, enquanto a esperava escrever meu nome e alguma dedicatória no papel, recordo de trocarmos algumas frases e de eu olhar bem de perto aquele rosto de beleza incomparável, quando ela já contava 75 anos (a atriz detestava quando especulavam sobre sua idade). De fato, a beleza sempre foi algo que nunca passou despercebido quando ela surgia em qualquer cenário ou ambiente. Seu talento nem sempre foi unânime em reconhecimento, embora tenha nascido para brilhar e reinar. Tônia Carrero era uma mulher incomum, soberana. Fez parte da História do Brasil. Sua coragem e determinação para encarar a vida neste país desafiador faz parte de seu legado também. Viva Tônia!

https://www.jornalterceiravia.com.br/2018/03/05/Tônia-carrero-uma-mulher-incomum/

TÔNIA CARRERO, ETERNA DIVA DO TEATRO BRASILEIRO

VILA_DE_UTOPIA
Vila de Utopia a sua revista eletrônica de Itabira
Por Carlos Cruz
7 de março de 2018

Em agosto de 1990, tive o prazer de entrevistar Tônia Carrero (1922-2018) para o jornal *O Cometa*. Juntamente com o sempre parceiro Paulo Autran (1922-2007), ela esteve em Itabira com a peça *Mundo, vasto mundo*, montada especialmente com poemas de Carlos Drummond de Andrade.

Após o anúncio da morte da atriz no sábado (3), no Rio, estava à procura dessa entrevista quando recebi um telefonema de nossa correspondente na Cidade (ainda?) Maravilhosa, Cristina Silveira, dizendo que iria enviar um texto do Armindo Blanco (1935-2008) para publicar neste site Vila de Utopia como uma homenagem à atriz.

Belíssimo texto, que revela também como Drummond ficou encabulado ao ponto de virar a cara quando foi a ela apresentado. "Era de tal beleza que encabulei e não consegui olhá-la nos olhos", explicou, mais tarde, o poeta itabirano. Não ficou mágoa. Só a admiração mútua. A seguir, a crônica de Armindo Blanco. Na sequência, trechos da entrevista da atriz ao *O Cometa*.

TÔNIA PARA SEMPRE

Armindo Blanco

Algumas pessoas amam o teatro. Outras vão de vez em quando ao teatro. Muitas jamais foram ao teatro (devem levar uma vida horrível, já que se satisfazem com telenovela, essa risível contrafação).

O que é teatro? Espelho de vícios e virtudes, segundo Hamlet, príncipe da Dinamarca. Único ancoradouro sólido a que podemos recorrer na alucinação permanente da vida, segundo o ator e diretor John Cassavetes, náufrago da realidade.

Tônia Carrero poderia responder: o teatro sou eu. Como quem diz: o teatro é a presença viva do ator, o seu coração pulsante, a magia do seu corpo movente, a sua voz convertendo em palavras, ora joviais, ora medonhas, a alegria de viver ou o temor da finitude.

Em "Amigos para sempre", a atriz, hoje septuagenária, mas de vitalidade insuperável, fala da mulher: aos 38 anos, foi trocada por uma jovem de 18. A mulher continua humilhada e ofendida, mas a atriz se distancia e trata-a como personagem, com o mesmo olhar vagamente irônico que pousa sobre as imperfeições dos grandes homens que conheceu

E é assim o espetáculo inteiro. Tônias várias; uma convivendo e enriquecendo-se com a Inteligência brasileira no apartamento de Aníbal Machado e na chácara aérea de Rubem Braga, em Ipanema; outra que, aflita, não sabe que destino dar aos tapetes, feios de doer, que Paulo Autran, parceiro dileto, tece incansavelmente e que vive lhe oferecendo como se fossem obras-primas de Arraiolos. Outra, enfim, atriz de curiosidade canibalesca, investigativa e inquieta (a definição é de Gerald Thomas, que a dirigiu em *Quartett*, de Heiner Müller), capaz de se reinventar tanto na inocente Desdêmona de Shakespeare (*Otelo*), quanto na prostituta Neuza Sueli de Plínio Marcos (*Navalha na carne*).

Carlos Drummond de Andrade virou a cara, ao ser-lhe apresentado pelo anfitrião Aníbal Machado. Habituada à adulação que, no entanto, nunca lhe fez perder a cabeça, Tônia estranhou. Mais tarde, o poeta explicaria: "Era de tal beleza que encabulei e não consegui olhá-la nos olhos".

Nelson Rodrigues. Ao saber que Adolfo Celi a largara, convidou-a para um encontro num salão de chá.

"Escuta. Esse negócio com o Celi".

"Que é que tem?"

"Uma mulher só deve ter um amor. Mesmo abandonada, não tem o direito de se entregar a outro homem".

Parecia uma cena do melodrama *Chuva*, de Somerset Maugham, como o pastor reprimindo a dadivosa Sadie Thompson.

Tônia sobreviveu. Tem alma de vinte anos num corpo de setenta, como diria, quando menino, o filho de Clarice Lispector. Seus amigos já se foram, mas ela, no palco do Laura Alvim, os convoca para uma tertúlia como as de antigamente, quando as balas perdidas ainda não zuniam nas noites do Rio e as pessoas se visitavam para trocar afetos não-perecíveis.

Quem ama o teatro, quem só vai de vez em quando e quem nunca foi, mas pretende iniciar-se, não deve perder "Amigos para sempre".

[Crônica publicada originalmente no jornal *O Dia*, 26 de novembro de 1996].

Trechos da entrevista com Tônia Carrero ao *O Cometa*, em agosto de 1990

O Cometa: Como vocês decidiram montar a peça *Mundo, vasto mundo*?
Tônia: Foi a partir de um evento sobre Machado de Assis, na inauguração do Centro Cultural do Banco do Brasil, no Rio, o mais importante centro cultural do país. Foi aí que o neto de Drummond, o Pedro Augusto, que é meu amiguinho de muitos anos, filho de Maria Julieta, me procurou. Me disse que estava interessado em produzir um evento com as poesias do avô, "com poesias e músicas". E perguntou se eu o ajudaria. Imediatamente, eu liguei para o Paulo Autran. Os dois então entraram em contato. Pedro passou todo o material, inclusive com material inédito. E Paulo levou de dois a três meses selecionando. Depois foi um mês e meio de ensaio com o Garganta Profunda (grupo vocal do Rio de Janeiro).

O Cometa: Por sinal, um grupo vocal maravilhoso.
Tônia: Que coisa linda eles cantando! Inclusive o maestro, Marcus Leite, musicou especialmente para esta peça. Coisas lindas como a "Pedra no Caminho", "Resíduos". Ficou maravilhoso. Drummond agora está na nota de Cr$ 50,00, popularizou-se, né?

O Cometa: Encontraram uma forma de desvalorizar o Drummond rapidinho.
Tônia: Já não vale nada. Desvalorizou depressa, tadinho.

O Cometa: Vamos falar de Drummond, sensível à questão da mulher, que vocês passaram com muito humor na peça.
Tônia: Ah, no "Caso do vestido", por exemplo, né? O "Caso do vestido" é a mulher mineira

submissa e que, quando o marido volta para ela, corre de braços abertos. Aí acalentava-a saber que o homem voltara para casa. Agora você esqueceu a crítica dela: ele tem direito a tudo como sempre e nem está mais nela. A mulher mineira, sendo tratada por Drummond, protesta calada. E conta para as filhas.

O Cometa: E o que você achou da reportagem da *Veja* que apresentou com estardalhaço a namorada de Drummond, a Lígia?
Tônia: Eu só tomei conhecimento pelo que se escreveu. É a vida particular dele. Se Drummond conseguiu embelezar a vida com mais amores do que a gente julgava, é porque isso foi bom.

O Cometa: Você, como sempre, está muito bonita. E não é só leite da Davene [um cosmético que ela fazia propaganda] e nem só muita malhação. O que é? É amor?
Tônia: Esse amor a que você se refere, eu o tenho dedicado exclusivamente aos meus netos. Eu tenho comido muito e acabei descuidando um pouco. Preciso voltar a me cuidar...

http://www.viladeutopia.com.br/Tônia-carrero-eterna-diva-do-teatro-brasileiro/

TÔNIA CARRERO JÁ ESTAMPOU AS MOEDAS DE CRUZEIRO

Agosto 23, 2018 Memória Cinema Brasileiro, Curiosidades

Sabia que por muitas décadas a efígie da República Brasileira, cunhada em nossas moedas, foi inspirada no perfil da atriz Tônia Carrero?

O gravador numismata, Mestre Benedicto Ribeiro, era fã da atriz e escolheu seu rosto como modelo para as moedas nacionais na década de 1950. Embora a casa da moeda não confirme a história oficialmente, Benedicto Ribeiro, o responsável pelo design, afirma que se inspirou na belíssima estrela, de forma "extraoficial". Em 1996, em entrevista ao jornalista Tony Góes, da *Folha de S. Paulo*, a atriz confirmou a história. Em 2000, em entrevista à revista *IstoÉ Gente*, ela voltou a comentar o assunto, dizendo que ficou envaidecida com a homenagem.

A moeda ficou em circulação por muitos anos.

https://www.memoriascinematograficas.com.br/2018/08/memoria-cinematografica-pagina-curtida.html

CRONOLOGIA ARTÍSTICA DE TÔNIA CARRERO

Tônia Carrero, nome artístico de Maria Antonietta Portocarrero (Rio de Janeiro, 23 de agosto de 1922 – Rio de Janeiro, 3 de março de 2018), atriz brasileira de teatro, cinema e televisão, que completou 61 anos de carreira.

TEATRO

2007 – *Um barco para o sonho*, de Alexei Arbuzov. Direção de Carlos Artur Thiré.
2005-2006 – *Chega de história*. Texto e direção de Fauzi Arap.
2002-2003 – *A visita da velha senhora*, de Friedrich Dürrenmatt. Direção de Moacyr Góes.
2000 – *O jardim das cerejeiras*, de Anton Tchekhov. Direção de Élcio Nogueira.
1999 – *Um equilíbrio delicado*, de Eduardo Albee. Direção de Eduardo Wotzik. Tônia Carrero e Walmor Chagas festejaram ambos 50 anos de teatro com este espetáculo.
1996-2000 – *Amigos para sempre*, monólogo com roteiro de Tônia Carrero e Luís Artur Nunes, que também dirigiu. Estreou na Casa de Cultura Laura Alvim no Rio de Janeiro, fez temporada em São Paulo e em várias cidades brasileiras.
1993 – *Ela é Bárbara*, de Barillet e Grédy. Direção de Cecil Thiré e Tônia Carrero.
1991 – *As Atrizes*, de Juca de Oliveira. Direção de Bibi Ferreira.
1990 – *Mundo, vasto mundo*, textos de Carlos Drummond de Andrade. Com Paulo Autran e coral Garganta Profunda.
1989 – *Esta valsa é minha*, de William Luce. Direção de Márcio Aurélio e Tônia Carrero.
1986 – *Quartett*, de Heiner Müller. Direção de Gerald Thomas.
1984-1985 – *A Divina Sarah*, de John Murrell. Tradução e direção de João Bethencourt.
1983 – *A amante inglesa*, de Marguerite Duras. Direção de Paulo Autran.
1981-1982 – *A volta por cima*, de Domingos de Oliveira e Lenita Plonczinska. Direção de Domingos de Oliveira.
1979-1980 – *Teu nome é mulher*, de Marcel Mithois. Tradução de Cecil Thiré e direção de Adolfo Celi.
1978 – *Quem tem medo de Virginia Woolf*, de Edward Albee. Direção de Antunes Filho.
1976 – *Doce pássaro da juventude*, de Tennessee Williams. Direção de Carlos Kroeber e Cecil Thiré.
1974-1977 – *Constantina*, de W. Somerset Maugham. Tradução e direção de Cecil Thiré.
1974 – *Tiro e queda* (nova montagem), de Marcel Achard. Direção de Cecil Thiré.

1971-1973 – *Casa de Bonecas*, de Henrik Ibsen. Direção de Cecil Thiré.
1970 – *Macbeth*, de Shakespeare. Direção de Fauzi Arap.
1969 – *Falando de rosas*, de Frank D. Gilroy. Direção de Fauzi Arap.
1967-1968 – *Navalha na carne*, de Plínio Marcos. Direção de Fauzi Arap.
1967 – *Os corruptos*, de Lillian Hellman. Direção de João Augusto.
1965 – *A Dama do Maxim's*, de Georges Feydeau. Direção e cenários de Gianni Ratto.
1964 – *Qualquer quarta-feira*, de Muriel Resnik. Direção de Maurice Vaneau.
1962-1965 – *Tiro e queda*, de Marcel Achard. Direção de Antonio de Cabo. Produção final da Cia. Tônia-Celi-Autran, sem a participação de Adolfo Celi.
1961 – *Castelo na Suécia*, de Françoise Sagan. Direção de Adolfo Celi.
1961 – *Lisbela e o prisioneiro*, de Osman Lins. Direção de Adolfo Celi.
1960 – *Dois na gangorra*, de Willian Gibson. Direção de Adolfo Celi.
1959 – *A torre de marfim*, de Cléber Ribeiro Fernandes. Direção de Adolfo Celi.
1959 – *Seis personagens à procura de um autor*, de Luigi Pirandello. Direção de Adolfo Celi.
1958 – *Olho mecânico*, de A. C. Carvalho. Direção de Benedito Corsi.
1958 – *Calúnia*, de Lillian Hellman. Direção de Adolfo Celi.
1957 – *Natal na praça*, de Henri Gheon. Direção de Benedito Corsi.
1957 – *Frankel*, de Antonio Callado. Direção de Adolfo Celi.
1957 – *O rapto das cebolinhas*, de Maria Clara Machado. Direção de Cláudio Corrêa e Castro. Apresentado em turnê.
1957 – *Negócios de Estado* (nova montagem), de Louis Verneuil. Direção de Adolfo Celi.
1957 – *Esses maridos*, de Georges Axelrod. Direção de Adolfo Celi.
1956 – *Um deus dormiu lá em casa* (nova montagem), de Guilherme Figueiredo. Direção de Adolfo Celi.
1956 – *Entre quatro paredes*, de Jean-Paul Sartre. Direção de Adolfo Celi.
1956 – *A viúva astuciosa*, de Carlo Goldoni. Direção de Adolfo Celi.
1956 – *Otelo, o Mouro de Veneza*, de Shakespeare. Direção de Adolfo Celi. A peça inaugurou a Cia. Tônia-Celi-Autran em dezembro de 1955 até 1962.
1955 – *Santa Marta Fabril*, de Abílio Pereira de Almeida. Direção de Adolfo Celi.
1955 – *O profundo mar azul*, de Terence Rattigan. Direção de Adolfo Celi.
1954 – *Cândida*, de Bernard Shaw. Direção de Ziembinski.
1954 – *Negócios de Estado*, de Louis Verneuil. Direção de Ziembinski.
1954 – *Uma mulher do outro mundo*, de Noel Coward. Direção de Adolfo Celi.
1953 – *Uma certa cabana*, de André Roussin. Direção de Adolfo Celi.

1953 – *Improviso*. Coletânea de textos de vários autores, idealizado por Nicette Bruno.
1950 – *Don Juan*, de Guilherme Figueiredo. Direção de Armando Couto.
1950 – *Helena fechou a porta*, de Accioly Netto. Direção de Ziembinski.
1950 – *Amanhã, se não chover*, de Henrique Pongetti. Direção de Ziembinski.
1949 – *Um deus dormiu lá em casa*, de Guilherme Figueiredo. Direção de Silveira Sampaio.

CINEMA

2008 – *Chega de saudade*, de Laíz Bodanzky, como Alice.
2005 – *Vinicius*, de Miguel Faria Jr. Tônia dá depoimento sobre o poeta Vinicius de Moraes.
1990 – *O Gato de Botas extraterrestre*, de Wilson Rodrigues, como A Avó.
1988 – *Fogo e paixão*, de Marcio Kogan e Isay Weinfeld, como A Mendiga.
1988 – *A bela Palomera* (coprodução Brasil/Espanha), de Ruy Guerra, como mãe de Orestes (Ney Latorraca).
1988 – *Sonhos de menina moça*, de Tereza Trautman, como Yolanda.
1977 – *Gordos e Magros*, de Mário Carneiro, como Helena, mãe do Gordo.
1969 – *Tempo de violência*, de Hugo Kusnet, como Marta.
1962 – *Carnival of crime/Sócio de alcova* (coprodução EUA/Brasil/Argentina), de George M. Cahan, como Marina.
1962 – *Esse Rio que eu amo*, de Carlos Hugo Christensen, como Genoveva.
1962 – *Copacabana Palace* (produção franco-italiana), de Steno, como Señora López.
1961 – *Aliàs Gardelito* (produção argentina), de Lautaro Murúa, como Pilar, lançado na Argentina e inédito no Brasil.
1955 – *Mãos sangrentas*, de Carlos Hugo Christensen, como Sengerin.
1954 – *É proibido beijar*, de Ugo Lombardi, como June.
1952 – *Tico-Tico no fubá*, de Adolfo Celi, como Branca.
1952 – *Apassionata*, de Fernando de Barros, como Sílvia Nogalis.
1950 – *Quando a noite acaba* (*Perdida pela paixão*), de Fernando de Barros, como Margarida.
1949 – *Caminhos do Sul*, de Fernando de Barros, como Helena.
1947 – *Querida Susana*, de Alberto Pieralisi, como uma das alunas do colégio.

TELEVISÃO

2004 – *Senhora do destino* – TV Globo, novela de Aguinaldo Silva. Direção de Luciano Sabino,

Marco Rodrigo, Cláudio Boeckel e Ary Coslov. Direção geral de Wolf Maya. Como Madame Berthe Legrand.

2004 – *Um só coração* – TV Globo, minissérie de Maria Adelaide Amaral e Alcides Nogueira. Direção de Carlos Manga. Participação especial em um capítulo como ela mesma.

2000 – *Esplendor* – TV Globo, novela de Ana Maria Moretzsohn. Direção de Luciano Sabino e Ary Coslov. Direção geral de Maurício Farias. Como Mimi Melodie.

1995 – *Sangue do meu sangue* – SBT, novela de Vicente Sesso, Rita Buzzar e Paulo Figueiredo. Direção de Henrique Martins e Antonino Seabra. Direção geral de Del Rangel e Nilton Travesso. Como Cecile Renon.

1993 – *Cupido eletrônico* – Programa de *sitcom* da RTP e da TV Manchete, de Jayme Camargo. Direção de Cecil Thiré, com 26 episódios. Como D. Nenete.

1989 – *Kananga do Japão* – TV Manchete, novela de Wilson Aguiar Filho, com colaboração de Leila Míccolis. Direção de Tizuka Yamasaki, Carlos Magalhães, Marcos Schechtmann e Wilson Solon. Como Letícia Viana.

1987 – *Sassaricando* – TV Globo, novela de Silvio de Abreu. Direção de Cecil Thiré, Lucas Bueno e Miguel Falabella. Como Rebeca.

1983 – *Louco amor* – TV Globo, novela de Gilberto Braga, com colaboração de Leonor Bassères. Direção de Wolf Maya, José Wilker, Fred Confalonieri e Ary Coslov. Como Muriel.

1981 – *O amor é nosso!* – TV Globo, novela de Roberto Freire e Wilson Aguiar Filho e Walter Negrão. Direção de Gonzaga Blota, Mário Márcio Bandarra e Jorge Fernando. Como Gilda.

1980 – *Água viva* – TV Globo, novela de Gilberto Braga, com colaboração de Manoel Carlos. Direção de Roberto Talma e Paulo Ubiratan. Como Stella Fraga Simpson.

1972 – *Uma rosa com amor* – TV Globo, novela de Vicente Sesso. Direção de Walter Campos. Como Roberta Vermont.

1972 – *O primeiro amor* – TV Globo, novela de Walter Negrão. Direção de Régis Cardoso. Como Maria do Carmo.

1971 – *O Cafona* – TV Globo, novela de Bráulio Pedroso. Direção de Daniel Filho e Walter Campos. Como Beatriz.

1970 – *A próxima atração* – TV Globo, novela de Vicente Sesso. Direção de Régis Cardoso. Como Maria da Glória.

1970 – *Pigmalião 70* – TV Globo, novela de Vicente Sesso. Direção de Régis Cardoso. Como Cristina Melo de Guimarães Cerdeira.

1969 – *Sangue do meu sangue* – TV Excelsior, novela de Vicente Sesso. Direção de Sérgio Britto. Como Pola Renon.

1966 – *A mulher que amou demais* – TV Rio, novela baseada em *Ana Karênina*, de Tolstoi. No papel-título, como Miriam Porto.

1952 a 1960 – Nos primórdios da televisão, Tônia Carrero participou de vários programas na TV Rio, e na TV Tupi, em São Paulo e no Rio de Janeiro.

OUTROS PROGRAMAS NA TV GLOBO

2005 – *Entre a cruz e a empada*, episódio da série "Sob Nova Direção". Texto de Chico Soares, Elisa Palatnik, Juca Filho, Marcelo Saback e Paulo Cursino. Direção de Mauro Farias.

2000 – *Mamãezinha querida*, da série "Você Decide". Texto de Regiana Antonini. Direção de Roberto Farias.

1998 – *Garoto de programa*, da série "Você Decide". Texto de Graziela Moraes. Direção de Emilio de Biasi.

1979 – *Vestido de noiva*, da série "Aplauso". Texto de Nelson Rodrigues, adaptado por Domingos de Oliveira. Direção de Paulo José.

1976 – *O silêncio é de ouro*, da série "Caso Especial". Texto de Newton Goldman e Myrian Campello. Direção de Paulo José.

1973 – *As praias desertas*, da série "Caso Especial". Texto de Gilberto Braga. Direção de Walter Avancini.

1973 – *Ninguém por perto*, da série "Caso Especial". Texto de Isabel Câmara e Lenita Plonczynski. Direção de Domingos de Oliveira.

1971 – *Meus filhos*, da série "Caso Especial". Texto de Walter George Durst, adaptado da obra de Josephine Laurence. Direção de Milton Gonçalves.

CURRÍCULO ARTÍSTICO DE LUÍS ARTUR NUNES

FORMAÇÃO ACADÊMICA:

1967-1971 – Graduação em Direção Teatral pela Universidade Federal do Rio Grande do Sul.

1974-1977 – Mestrado em Teatro pela State University of New York.

1982-1986 – Doutorado em Teatro pela City University of New York, US, com tese sobre Nelson Rodrigues.

EXPERIÊNCIA PROFISSIONAL ACADÊMICA:

1972-1990 – Professor no Departamento de Arte Dramática da Universidade Federal do RS.

1990-1996 – Professor no Curso de Artes Cênicas da Escola de Belas Artes da UFRJ.

1990-1995 – Professor na Escola de Direção Teatral da Escola de Comunicação, UFRJ.

1994-2005 – Professor na Escola de Teatro e no Programa de Pós-Graduação em Teatro da Universidade do Rio de Janeiro (UNI-RIO). Aposentado em 2005.

EXPERIÊNCIA PROFISSIONAL COMO DIRETOR DE TEATRO: PRINCIPAIS TRABALHOS

Em Porto Alegre:

Entre os espetáculos dirigidos no período de 1968 a 1990, destacam-se: MIRANDOLINA, de Goldoni, A CELESTINA, de Fernando De Rojas, SONHO DE UMA NOITE DE VERÃO, de W. Shakespeare, A TRÁGICA HISTÓRIA DO DOUTOR FAUSTO, de Christopher Marlowe, A SALAMANCA DO JARAU, de Simões Lopes Neto, A FONTE, de ÉRICO VERÍSSIMO, e os textos de sua autoria ESTA NOITE ARRANQUE A MÁSCARA DA FACE E IMPROVISE, LOVE, LOVE, LOVE, SALADAS DO AMOR, SARAU DAS 9 ÀS 11 e A MALDIÇÃO DO VALE NEGRO, os dois últimos em colaboração com Caio Fernando Abreu.

Recentemente, em 2016, realizou CAIO DO CÉU, uma colagem de textos de Caio Fernando Abreu, com Deborah Finnochiaro, produção da Cia. Solos e Bem Acompanhados. E, em 2017, a ópera O QUATRILHO, adaptada do romance de José Clemente Pozenato, música de Vagner Cunha.

Nos Estados Unidos:

1974 – SOLEMN COMMUNION AND ORISON, de Fernando Arrabal (State University of New York, Albany, NY); 1984 – HOME FREE AND IKKE, IKKE, NYE, NYE, NYE, de Landford Wilson (Nova York); 1987– LA TRAVIATA, de G. Verdi (como director-assistente, na Indianapolis Opera e Opera Memphis).

No Rio de Janeiro (espetáculos mais importantes):

1988 – A MALDIÇÃO DO VALE NEGRO, de Luís Artur Nunes e Caio Fernando Abreu, com o NÚCLEO CARIOCA DE TEATRO.

1989 – JK, de Luís Artur Nunes, com José de Abreu e Lília Cabral.

1991 – A FERA NA SELVA, de Henry James, com Paulo Betti e Eliane Giardini.
– A VIDA COMO ELA É, de Nelson Rodrigues, com o Núcleo Carioca de Teatro, patrocínio do Centro Cultural Banco do Brasil.

1992 – A VOLTA AO LAR, de Harold Pinter, com Vera Holtz, Sérgio Viotti, Marcos Breda e Antônio Calloni, patrocínio da Shell
– A CARAVANA DA ILUSÃO, de Alcione Araújo, com Lucinha Lins e Marcos Breda.

1993 – O VESTIDO DE NOIVA, de Nelson Rodrigues, com Malu Mader, Luciana Braga e Tuca Andrada.

1995 – COMO DIRIA MONTAIGNE, de Wilson Sayão, com Yvone Hoffman, Bianca Byington e Marcos Breda.

1995 – AMIGOS PARA SEMPRE, roteiro de Luís Artur Nunes, com Tônia Carrero.

1997 – O HOMEM E A MANCHA, de Caio Fernando Abreu, com Marcos Breda, patrocínio do Governo do Estado do Rio grande do Sul.

1998 – QUE MISTÉRIOS TEM CLARICE, dramaturgia em colaboração com Mário Piragibe a partir de contos e crônicas de Clarice Lispector, com Rita Elmôr.

2000 – A MULHER SEM PECADO, de Nelson Rodrigues, com José de Abreu, Luciana Braga e Vanda Lacerda.

2001 – ENGRAÇADINHA DEPOIS DOS 30, de Nelson Rodrigues, com Cláudia Lyra e Henrique Pagnoncellis, no Centro Cultural Banco do Brasil.

2002 – ARLEQUIM, SERVIDOR DE DOIS PATRÕES, de Carlo Goldoni, com Camila Pitanga e Marcos Breda, produção estreada no Teatro São Pedro de Porto Alegre, patrocínio da Refinaria Alberto Pasqualini – REFAP.

2003 – FRIZILEIA, de Camilo Áttila, com Elizabeth Savala, patrocínio da Prefeitura do Rio de Janeiro.

2004 – O SANTO PARTO, de Lauro César Muniz, com José de Abreu, Roberto Bontempo e Sérgio Marone.
– A TEMPESTADE, de W. Shakespeare, com o Núcleo Carioca de Teatro, patrocínio da Prefeitura do Rio de Janeiro.
– A MALDIÇÃO DO VALE NEGRO, de Caio Fernando Abreu e Luís Artur Nunes com Camila Pitanga, Marcos Breda e Bruno Garcia. Patrocínio da Refinaria Alberto Pasqualini – REFAP, estreia no Teatro São Pedro de Porto Alegre.
2006 – FALA, ZÉ!, de Angel Palomero e Walter Daguerre. Com José de Abreu. Patrocínio da Eletrobrás e Habitasul.
2007 – FARSA, colagem de peças de Cervantes, Molière, Tchekhov e Martins Pena. Com Marcos Breda, Cláudia Ohana, Bianca Byington e Sérgio Marone. Patrocínio da REFAP, estreia no Theatro São Pedro, de Porto Alegre.
2012 – A.M.A.D.A.S. de Regiana Antonini, com Elizabeth Savala, estreia patrocinada pela Prefeitura Municipal de Embu-Guaçu, SP.

Em São Paulo:
2001 – TERRA PROMETIDA, de Samir Yazbek, com Luiz Damasceno e Marco Antônio Pâmio, cenários e figurinos de J. C.Serroni.
2004 – ROSA DE DOIS PERFUMES, de Emilio Carballido. Patrocínio do IBOPE.
2007 – CLOSER, de Patrick Marber. Patrocínio da Cultura Inglesa.
2012 – RODRIGUIANAS: TRAGÉDIAS PARA RIR, de Nelson Rodrigues, com Marcos Breda e Fernanda d'Umbra. Realização do Centro Cultural Banco do Brasil/SP
2013 – AS CINZAS DO VELHO, de Kally McAllister, com Marcelo Braga e Alexandre Cruz no Teatro João Caetano.
2017 – BONITINHA, MAS ORDINÁRIA, de Nelson Rodrigues. Produção da ANCEC, estreado no Teatro Augusta.

Em Florianópolis:
2010 – A VIDA COMO ELA É, de Nelson Rodrigues, com o Grupo TEATRO SIM POR QUE NÃO.

PRÊMIOS

Em Porto Alegre:

1977 – Prêmio AÇORIANOS de Melhor Diretor por DECOLAGEM E EU NADA ENTENDO DA QUESTÃO SOCIAL.

1981 – Prêmio AÇORIANOS de Melhor Espetáculo por LOVE, LOVE, LOVE.

1986 – Menção Honrosa (Premiação AÇORIANOS/TIBICUERA) para A MALDIÇÃO DO VALE NEGRO.

1987 – Prêmio QUERO-QUERO (SATED/RS) de Melhor Diretor por A FONTE.
– Prêmio QUERO-QUERO (SATED/RS) de Melhor Espetáculo por A FONTE.

1990 – Prêmio do IV Festival de Canela (Governo do Estado do RGS) pela contribuição prestada ao Teatro Nacional.

No Rio de Janeiro:

1988 – Prêmio MINC/FUNDACEN de Melhor Espetáculo para A MALDIÇÃO DO VALE NEGRO.
– Prêmio MOLIÈRE de Melhor Autor por A MALDIÇÃO DO VALE NEGRO;

1991 – Prêmio SATED de Melhor Diretor por A VIDA COMO ELA É.
– Prêmio SATED de Melhor Espetáculo por A VIDA COMO ELA É.

1993 – Indicação ao Prêmio Shell de Melhor Direção para A CARAVANA DA ILUSÃO.

2003 – Prêmio Qualidade Brasil – 2003 – Rio de Janeiro: Melhor Espetáculo e Melhor Direção de comédia para ARLEQUIM, SERVIDOR DE DOIS PATRÕES.

2004 – Indicação ao Prêmio Shell de Melhor Espetáculo com O SANTO PARTO.

2016 – Troféu Nelson Rodrigues, concedido pela ANCEC (Associação Nacional de Cultura, Empreendedorismo e Comunicação).

Em São Paulo:

2003 – Prêmio Qualidade Brasil – Melhor Espetáculo para ARLEQUIM, SERVIDOR DE DOIS PATRÕES.

2015 – Título de Referência Artística e Cultural Brasileira. Ordem da Arte e da Cultura – Nelson Rodrigues.

2016 – Indicação ao Prêmio Qualidade Brasil de Melhor Direção e Melhor Espetáculo para A.M.A.D.A.S.

CRÉDITOS DAS FOTOS DO LIVRO

pPg. 2 Tônia Carrero em "Amigos para sempre". Foto: Guga Melgar.
Pg. 6 Tônia Carrero. Foto: Vênus Studio.
Pg. 8 Tônia Carrero e o neto Carlos Thiré. Foto: Marcelo Borgongino.
Pg. 10 Tônia Carrero em início de carreira. Foto sem crédito.
Pg. 14 Tônia Carrero. Foto: Carlos Studio.
Pg. 18 Tônia Carrero. "Natal na praça" (1957). Foto: Adolfo Celi.
Pg. 22 Tônia Carrero. "Uma certa cabana" (1953). Foto: Fredi Kleemann.
Pg. 24 Tônia Carrero. "Santa Marta Fabril" (1955). Foto sem crédito.
Pg. 26 Tônia Carrero. "Entre quatro paredes" (1956). Foto sem crédito.
Pg. 30 Tônia Carrero. Final dos anos 60. Foto sem crédito.
Pg. 35 Tônia Carrero, Leonardo Villar e Odette Lara em "Dream Girl", TV Tupi São Paulo (1954). Estreia de Tônia na TV. Foto sem crédito.
Pg. 36 Tônia Carrero, em "Pigmalião 70". Foto: Luiz Silva.
Pg. 39 Tônia Carrero, em "A Divina Sarah" (1984/1985). Foto: Silvio Pozatto.
Pg. 40-42 Tônia Carrero, em "Amigos para sempre". Foto: Guga Melgar.
Pg. 176 Tônia Carrero, Adolfo Celi e Celia Biar, em noite de gala, nos anos 50. Foto sem crédito.
Pg. 177 Tônia Carrero e Paulo Autran, em "Um deus dormiu lá em casa" (1949). Foto: Badaró Braga.
Pg. 178 Tônia Carrero em "Olho mecânico" (1958). Foto: Carlos Studio.
Pg. 179 Tônia Carrero, Paulo Autran e Armando Couto, em "Amanhã, se não chover" (1950). Foto sem crédito.
Pg. 180 Tônia Carrero e Paulo Autran, em "Helena fechou a porta" (1950). Foto sem crédito.
Pg. 181 Tônia Carrero e Paulo Autran, em "Otelo", primeira peça montada pela Companhia Tônia-Celi-Autran. Foto sem crédito.
Pg. 182 Tônia Carrero, Paulo Autran e Renée Bel, em remontagem de "Seis personagens à procura de um autor", de Pirandello (1959). Foto: Carlos Studio.
Pg. 183 Tônia Carrero e Paulo Autran, em "Castelo na Suécia" (1961). Foto: Richard Sasso.
Pg. 184 Tônia Carrero e Benedito Corsi, em "A Dama do Maxim's" (1965). Foto sem crédito.
Pg. 185 Tônia Carrero e Mario Sergio, no filme "É proibido beijar" (1954). Foto sem crédito.
Pg. 186 Tônia Carrero e Raul Cortez, no filme "Tempo de violência" (1969). Foto sem crédito.
Pg. 187 Tônia Carrero no programa "Teu nome é mulher", maquiada por Eric Rzepecki, na TV Globo. Foto: Mathias Rezende.

Pg. 188 Tônia Carrero e Paulo Autran em "Uma mulher do outro mundo" (1954). Foto: Lilian Davidson.

Pg. 189 Tônia Carrero e Dorival Caymmi. Foto sem crédito.

Pg. 190 Tônia Carrero e Sergio Cardoso na novela "Pigmalião 70", TV Globo (1970). Foto sem crédito.

Pg. 191 Tônia Carrero e Paulo Autran, em "A Dama do Maxim's" (1965). Foto sem crédito.

Pg. 192 Tônia Carrero e Cecil Thiré, em "A Divina Sarah" (1984/1985). Foto: Marisa Alvarez Lima.

Pg. 193 Tônia Carrero e Margarida Rey, em "Entre quatro paredes" (1956). Foto sem crédito.

Pg. 194 Tônia Carrero e Cecil Thiré, em "Falando de rosas" (1969). Foto: Silas Vilarini.

Pg. 195 Tônia Carrero e Walmor Chagas, em "Um equilíbrio delicado" (1999), ambos comemorando 50 anos de teatro. Foto: Silvio Pozatto.

Pg. 196 Tônia Carrero e Sergio Britto, em "Quartett" (1986). Foto: André Wanderley.

Pg. 197 Tônia Carrero e Francisco Cuoco, na novela "Sangue do meu sangue", TV Excelsior (1969). Foto: TV Globo/Cedoc.

Pg. 198 Tônia Carrero e Adolpho Bloch, na época da novela "Kananga do Japão" (1989). Foto: TV Manchete.

Pg. 199 Tônia Carrero, em "Esta valsa é minha" (1989). Foto: André Wanderley.

Pg. 200 Fernanda Montenegro, José Lewgoy, Tônia Carrero e Fernando Torres. Foto sem crédito.

Pg. 201 Tônia Carrero, Bibi Ferreira e Nathália Timberg. Foto sem crédito.

Pg. 231 Tônia Carrero. Foto: Antônio Guerreiro.

REFERÊNCIAS BIBLIOGRÁFICAS:

CARRERO, TÔNIA. *O Monstro de Olhos Azuis (Memórias)*. Porto Alegre: L&PM Editores, 1986.

CARVALHO, TÂNIA. *Tônia Carrero: Movida pela Paixão*. Coleção Aplauso Especial. São Paulo: Imprensa Oficial, 2009.

Acabou-se de imprimir
Amigos Para Sempre,
em 13 de dezembro de 2019,
aos 70 anos da estreia
de Tônia Carrero e Paulo Autran,
em "Um deus dormiu lá em casa",
no Teatro Copacabana,
especialmente para a Ibis Libris.